Andrea Figl
Webdoku

WEBDOKU

GESCHICHTE, TECHNIK, DRAMATURGIE

UVK Verlagsgesellschaft mbH | Konstanz und München

INHALT

	EINFÜHRUNG	**8**
A	**EINE KURZE GESCHICHTE DES DOKUMENTARFILMS**	**11**
A1	Von den Anfängen	14
A2	Vom Spektakel zum Direct Cinema	21
A3	Vom Video zur Handycam	24
A4	Hybride des Dokumentarfilms	28
B	**DOKUMENTARFILM HEUTE**	**33**
B1	Dokumentarfilm im TV	36
B2	Die Herrschaft der Quote	39
B3	Dokumentarfilm im Kino	44
C	**MEDIENNUTZUNG IM WANDEL**	**49**
C1	Smart-TV, Multiscreen und die Konvergenz der Geräte	58
D	**DIE WEBDOKU**	**63**
D1	Digitalisierung und Vernetzung	67
D2	Das Jahrhundert der Webdoku	70
D3	Transmedia und Crossmedia	78
D4	Computerspiele und Dokumentarfilm	82
D5	Multimedia-Reportagen und die Hybridisierung der Medien	87

E STICHWORTE ZUR PRODUKTION EINER WEBDOKU 93

E1	Themenfindung & Teambildung	96
E2	Technik: Werkzeuge für den Bau einer Webdoku	102
E3	Marketing und die neue Rolle des Publikums	106
E4	Finanzierung	112
	» Crowdsourcing und Crowdfunding als Kern des Businessmodells 2.0	114
	» Neue Erlösmodelle	120

F DRAMATURGIE DER WEBDOKU 125

F1	Linearität und der Fluch der guten Geschichte	131
F2	Erzählstrukturen zwischen Film und Spiel	136
F3	Interaktivität: die Beziehung zwischen Autor und Publikum	143
F4	Die Rolle des Autors	147
F5	Die Bedeutung der Interaktion	151
F6	Immersion	155
F7	Der Flow	158

G FALLSTUDIEN: BEISPIELE INTERAKTIVEN ERZÄHLENS 163

G1	Die Webdoku als Essay	166
G2	Datavisualisierung und der reflexive Modus der Webdoku	170
G3	Der beobachtende Modus	173
G4	Webdoku als interventionistische Medienarbeit	177
G5	Webdoku als Edutainment und Infotainment	184
G6	Kollaborative Webdokus	196

H AUSBLICK 203

X ANHANG   207

X1	Literaturverzeichnis	208
X2	Erwähnte Webdokus und Multimediareportagen	220
X3	Grundlagen	224
X4	Forschung	225
X5	Festivals	226
X6	Workshops	227
X7	Software	228
X8	Crowdfunding	229
X9	Endnoten	230
X10	Bildnachweise	245

EINFÜHRUNG

> **ZITAT**
>
> „Über mehr als ein halbes Jahrhundert haben uns zunächst der Film, dann das Fernsehen diese erstickende Passivität eingeimpft, die Aldous Huxley und anderen solche Sorgen bereitete. Aber jetzt verschiebt sich das Gleichgewicht. Nicht etwa, weil wir die Warnungen der Sozialkritik beherzigt und etwas getan hätten, sondern eher weil die heute zur Reife gelangende Bild- und Tontechnologie uns die Macht zur Produktion in die Hand geben." (James Monaco, Filmkritiker)[2]

Der Beschleunigung der technischen Entwicklung in den letzten Jahren verdanken wir einen umfassenden Wandel der Medien- und Kulturlandschaft, der bisherigen Nutzergewohnheiten und Businessmodelle. Durch die Digitalisierung, die enorme Verbreitung der filmischen Produktionsmittel, die technische Konvergenz, die Selbstverständlichkeit sozialer Netzwerke und die zunehmende Mobilität der Medien hat sich eine völlig veränderte Mediennutzung und -produktion ergeben und auch eine bis dato nicht vorhersehbare Fragmentierung der Öffentlichkeit.
Für die traditionellen Medien stellt dies eine große Verunsicherung dar, für die neuen eine enorme Chance.
Eine neue Erzählform, die erst durch das Zusammenspiel dieser Veränderungen möglich wurde, ist die Webdoku, die interaktive und nonlineare Weiterentwicklung des Dokumentarfilms. Die Webdoku ist mehr als bloß ein online verfügbarer Dokumentarfilm: Dieses neue Format macht sich die spezifischen Eigenschaften und Möglichkeiten des Internets zunutze, um Geschichten zu erzählen und ein Publikum zu gewinnen. Sie arbeitet mit Texten, Bildern, Audio- und Videodateien, Animation und Datenvisualisierung und ihr Publikum ist überall.

DIE AUSEINANDERSETZUNG MIT DIESER GESELLSCHAFT MUSS IN DEM MEDIUM STATTFINDEN, DAS DOMINIERT.[1]

MICHAEL MRAKITSCH, DOKUMENTARFILMER

Dieses Buch soll die Webdoku als Erzählform an der Schnittstelle zwischen Dokumentarfilm, Journalismus, Kunst und Computerspiel vorstellen und dabei nachzeichnen, wie sie sich entwickelt hat, in welchem Umfeld sie sich bewegt, wie sie funktioniert, was sie ist und sein kann und was man beachten muss, wenn man sie produziert, denn, wie es Caspar Sonnen vom IDFA DocLab so schön sagt: „Unlike existing media industries, the internet doesn't care about 52 minute timeslots, language borders or fixed themes. So, once you've found the right partners to explore these uncharted digital territories with, all you have to do is this: Go out and tell your great story/stories perfectly, make sure it looks awesome and that it feels like something nobody has ever seen before."[3]

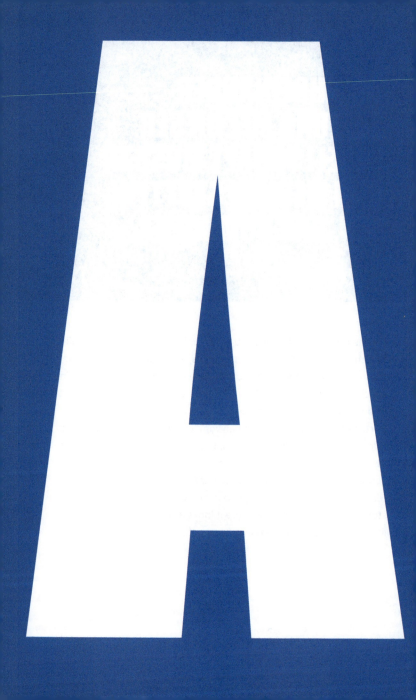

EINE KURZE GESCHICHTE DES DOKUMENTARFILMS

Zwischen Technik und Inhalt

A1   **14**   Von den Anfängen

A2   **21**   Vom Spektakel zum Direct Cinema

A3   **24**   Vom Video zur Handycam

A4   **28**   Hybride des Dokumentarfilms

A Eine kurze Geschichte des Dokumentarfilms

Von Beginn an war Dokumentarfilm ein immer neu auszutarierender Balanceakt zwischen (oft notwendiger) Inszenierung und dem Bemühen um größtmögliche Authentizität. Die Frage, was Wirklichkeit, Realität und Authentizität für den Dokumentarfilm bedeuten, wird heute nicht minder hitzig diskutiert als in den Anfängen. Wie weit darf eine Inszenierung gehen? Bedeutet nicht das Framing schon eine Interpretation der Wirklichkeit? Ist es nicht auf jeden Fall der Schnitt?

Dass jede Art von Filmarbeit subjektiv ist, war nicht immer als selbstverständlich akzeptiert und wurde durch das *Direct Cinema*, das mit dem erklärten Willen, als *Fliege an der Wand* neutral zu beobachten und damit den kinematischen Abbildcharakter in besonderer Weise zu betonen[5], wieder herausgefordert.

Eine Definition des Dokumentarfilms ist deshalb nicht so einfach, wie man glauben möchte. Man sollte sich bewusst machen, dass ein wirklich objektiver Film, die reine Dokumentation und Abbildung von Sachverhalten, am ehesten von einer Überwachungskamera kommt, die unterschiedslos alles aufnimmt, was sich vor ihrer Linse abspielt: „Der einzige Film, den ich als Dokumentarfilm, im alten dokumentarischen Sinne, akzeptieren würde, ist der, den die Überwachungskamera im Bankschalter aufnimmt. Was hat dieser Film mit Kunst zu tun? Nichts!"[6]

Die Abgrenzung zum fiktionalen Film ist somit nicht leichter als die zur Reportage, zum Essay, zum Wissenschaftsfilm, zur Propaganda: „Dokumentarfilm ist Film. Er dokumentiert ein Stück Realität mit filmischen Mitteln, mit bewusst gestalteten Kamerabildern; mit genau gehörten und sorgfältig erfassten Originaltönen; mittels einer Montage, die im Schnittrhythmus nicht einen Zeitgeist nachempfindet, sondern ihn von Gehalt und Inhalt des Film-(material)s ableitet", heißt es etwa bei Schadt[7]. Dokumentarfilm sei eine „Erzählform, die Film in seinem Spannungsbogen als etwas Ganzes begreift und strukturiert und nicht als bloße Aneinanderreihung von Einzelszenen, die durch Off-Texte zusammengehalten werden."[8]

IT'S REALLY ABOUT USING TECHNOLOGY TO TELL STORIES IN AN ARTFUL WAY.[4]

HUGUES SWEENEY, PRODUZENT

Letztlich können sich aber fast alle auf jene Definition für Dokumentarfilm einigen, die von dem kanadischen Genrepionier John Grierson stammt und für ihre Schlichtheit berühmt ist. Derzufolge ist Dokumentarfilm „the creative treatment of actuality"[9] – eine Definition, die glücklicherweise auch die Webdoku einschließt, gewissermaßen als vorerst letzte Stufe in der Entwicklung des Dokumentarfilms.

Die Entwicklung des Dokumentarfilms ging immer in enger Beziehung zu technischen Neuerungen vonstatten: Technische Entwicklungen veränderten die Art, Geschichten zu erzählen, und sie beeinflussten natürlich auch, welche Geschichten erzählt wurden. Und mit jeder neuen Entwicklung etablierte sich jeweils auch ein neues Bild der Realität, eine neue Wahrnehmung der Welt.

Die Entwicklung der Technik hat sich in den letzten Jahren enorm beschleunigt und innerhalb kürzester Zeit einen Umsturz der bisherigen Medienlandschaft herbeigeführt. Den etablierten Medien fällt der Umgang damit nicht leicht. Und auch für den Dokumentarfilm hat sich einiges verändert.

A Eine kurze Geschichte des Dokumentarfilms

A1 VON DEN ANFÄNGEN

Die Filme der Brüder Auguste und Louis Lumière aus dem Jahr 1895 sind nicht nur die ersten Filme überhaupt, sie gelten insbesondere auch als die ersten primitiven Dokumentarfilme: Mithilfe ihrer Erfindung, der Perforation, konnten die Brüder Einzelbilder hintereinander anzeigen und diese so zum Laufen bringen – lineares Kino war geboren. Ihre ersten Filme waren 17 Meter lang und zeigten mit einer Laufzeit von ca. 50 Sekunden unbearbeitete Szenen aus dem damaligen Alltag: Arbeiter beim Verlassen einer Fabrik, einen Zug, der in den Bahnhof einfährt, und die Familie Auguste Lumières beim Frühstück. Die Filme wurden erstmals im Pariser Grand Café der Öffentlichkeit präsentiert und im darauffolgenden Jahr tourten die Brüder mit ihren Miniaturen höchst erfolgreich um die Welt.

Das Ideal war das Eintauchen in eine unbekannte Welt und die möglichst getreue Abbildung derselben als „ungeschminkte Wirklichkeit", wie es in einer zeitgenössischen Reklame der Brüder Lumière hieß: „Alles, was in der Natur lebt und sich bewegt, der Verkehr, der auf Strassen und Plätzen fluthet, die Wogen des Weltmeers, die sich thürmen und übereinanderwaelzen: alles das sehen wir vor uns, greifbar nah in unnachahmlicher Natürlichkeit. Da ist nichts vorbereitete, auf den Effekt berechnete Stellung, sondern alles ungeschminkte Wirklichkeit."[11]

Richtiggehende Geschichten konnten in dieser Frühzeit des Films noch nicht erzählt werden, doch ein erster Schritt in diese Richtung war getan. Und die Faszination, die diese Verdoppelung der Welt auslöste,[12] wurde zum Grundstein moderner Mythen – der Film

> **FICTION FILMS OFTEN GIVE THE IMPRESSION THAT WE LOOK IN ON A PRIVATE OR UNUSUAL WORLD FROM OUTSIDE, FROM OUR VANTAGE POINT IN THE HISTORICAL WORLD, WHEREAS DOCUMENTARY IMAGES OFTEN GIVE THE IMPRESSION THAT WE LOOK OUT FROM OUR CORNER OF THE WORLD ONTO SOME OTHER PART OF THE SAME WORLD.**[10]

BILL NICHOLS, FILMTHEORETIKER

A Eine kurze Geschichte des Dokumentarfilms

L'arrivée d'un train en gare de La Ciotat soll aufgrund seines überwältigenden Realismus beim Publikum Panik ausgelöst haben und trieb Scharen früher Filmemacher auf die Straße, um alles zu filmen, was sie umgab.

> **L'ARRIVÉE D'UN TRAIN EN GARE À LA CIOTAT – AUGUSTE UND LOUIS LUMIÈRE**
> » www.perm.ly/web01

Die Filmkarriere der Brüder Lumière war aber nur von kurzer Dauer: Sie kamen zu dem Schluss, Film habe keine Zukunft, und konzentrierten sich auf Farbfotografie. Ihre Erfindung allerdings entwickelte sich weiter und bis mit Flaherty, Vertov und Grierson der eigentliche Dokumentarfilm einsetzte, wurden die Fähigkeiten der Kamera zur exakten Abbildung anderweitig genutzt: zu wissenschaftlichen Zwecken und zur Belustigung, als Spektakel.

Während es beim Spektakel in erster Linie darum geht, so viele Bilder wie möglich von so außergewöhnlichen Orten und Ereignissen wie möglich zu sammeln – ein Ansatz, der heute noch in Realityshows weiterlebt –, liegt es im Wesen des wissenschaftlichen Bildes, den Autor weitgehend verschwinden zu lassen, um die Abbildung so genau, unbeeinflusst und reproduzierbar zu halten wie möglich.

Im Dokumentarfilm aber geht es letztlich gerade um die Abweichung von der schlichten Reproduktion, um die eigene Stimme des Autors. Dies zeigt schon der erste abendfüllende Dokumentarfilm, Robert Flahertys *Nanook of the North* aus dem Jahr 1922. Flaherty, ein leidenschaftlicher Forscher, hatte sich 1913 mit einer Filmkamera aufgemacht, um seine kulturwissenschaftlichen Expeditionen zu dokumentieren. Durch einen Brand im Schneideraum hatte er damals zwar sein gesamte Rohmaterial verloren[13], aber seine Begeisterung für Film war geweckt und er beschloss zehn Jahre später, an den Drehort zurückzukehren, um seinen Film über die Inuit zu vollenden.

NANOOK OF THE NORTH – ROBERT FLAHERTY, 1922
» www.perm.ly/web02

Das Leben der Inuit hatte sich freilich in der Zwischenzeit verändert und so musste er einen Großteil dessen, was er zeigen wollte, nachstellen: Er ließ einen eigens konstruierten Iglu aufbauen und castete Protagonisten, die das Leben der Inuit so nachspielten, wie Flaherty es in Erinnerung hatte – das zur Zeit dieser zweiten Dreharbeiten aber längst nicht mehr der Realität entsprach.

In den 1920er-Jahren kam neues Filmmaterial auf den Markt, das deutlich lichtempfindlicher und ausgeglichener und in Rollen von bis zu 300 m Länge verfügbar war. Ab 1923 gab es dank Kodak auch den 16-mm-Schmalfilm. Die Kamera der Wahl war damals die französische Debrie Parvo L, die mit ihren Tricks und Spezialeffekten wie Überblendungen und Mehrfachbelichtungen die Ästhetik der 1920er-Jahre prägte.

1923 brachte das Dresdner Fotokamerawerk ICA die Kinamo mit Federwerk auf den Markt. Mit ihr war es erstmals möglich zu drehen, ohne zu kurbeln, und somit zumindest kurze Sequenzen aus der Hand zu filmen. Die Kamera war klein, bot Zeitraffer und Einzelbildschaltung und konnte mittels Bajonettfassung mit fünf verschiedenen Brennweiten ausgestattet werden. Die Kamera wurde rasch zum Werkzeug der Filmavantgarde, so wurde sie von Dziga Vertov in *Der Mann mit der Filmkamera* eingesetzt, von Walter Ruttmann in *Berlin – die Sinfonie der Großstadt* oder auch von Joris Ivens.

THE MAN WITH THE MOVIE CAMERA – DZIGA VERTOV, 1929
» www.perm.ly/web03

A Eine kurze Geschichte des Dokumentarfilms

In Russland wurde währenddessen am Aufbau einer neuen Gesellschaft gearbeitet, die Filmemacher und Filmemacherinnen wie Dziga Vertov oder Esther Shub im Film wiederfinden wollten. Die Konzepte der *Photogénie* und der *Montage* entstanden. Bill Nichols schildert die damalige Situation so: „The avant-garde flourished in Europe and Russia in the 1920s. Its emphasis on seeing things anew, through the eyes of the artist or filmmaker, had tremendous liberating potential. It freed cinema from replicating what came before the camera to celebrate how this ‚stuff' could become the raw material not only of narrative filmmaking but of a poetic cinema as well."[14]

Karl Freund, der bedeutendste im Team der Kameramänner von *Berlin – die Sinfonie der Großstadt*, trieb die Entwicklung seines Metiers weiter voran. Er drehte nur noch mit Motor, um sich frei bewegen und voll auf das Bild konzentrieren zu können und wurde für den Stil seiner *„entfesselten* Kamera" berühmt.

Die Begeisterung, die diese Freiheit damals hervorrief – alles filmen zu können, wie man es wahrnahm, ohne große Vorbereitung, ohne spezielle Beleuchtung „das Leben kinematographisch einzufangen und zwar das Leben, wo wir es auch finden mögen"[15] –, diese Begeisterung findet man später bei den Videojournalisten wieder oder bei jungen YouTube-Filmern, die völlig unabhängig arbeiten können und allein verantwortlich für den gesamten kreativen Prozess sind.

Mit dem Tonfilm fand diese Freiheit der Kamera ein jähes Ende. Sie war plötzlich ein Teil eines enormen Geräteparks, war wieder an das Stativ gefesselt und wurde in sperrige, schalldichte Gehäuse verpackt. Aufgrund dieses Aufwands und der hohen Kosten wurden nonfiktionale Filme noch bis weit in die 1930er-Jahre hinein stumm gedreht und erst in der Postproduktion vertont.

Mit der Arriflex 35 kam 1937 die erste Spiegelreflex-Filmkamera auf den Markt, die eine bis dahin nicht gekannte Präzision der Bildeinstellung bot – Synchrontonaufnahmen blieben beim Dokumentarfilm aber weiterhin ein großes Problem. Das Tonequipment dieser Zeit wog stattliche 30 Kilogramm. Richard Leacock – ein großer Freund des filmenden Amateurs und einer der Mitbegründer des *Direct Cinema* – beschrieb die damalige Situation so: „I saw that when we were using small cameras, we had tremendous flexibility, we could do anything we wanted and get a wonderful sense of cinema. The moment we had to shoot dialogue, lip-sync, everything had to be locked down, and the whole nature of the film changed. The whole thing seemed to stop."[16]

Dokumentarfilm entwickelte sich nun in eine ganz andere Richtung. In Deutschland etablierte sich bald eine eigene lehrreiche Variante des dokumentarischen Films, der „Kulturfilm", ein populärwissenschaftliches Genre, das unterschiedliche Themen wie Medizin, Reisen oder Natur behandelte und dessen Ergebnisse im Beiprogramm des Kinos vorgeführt wurden.

In den 1930er- und -40er-Jahren kamen mit der Wochenschau erstmals aktuelle Nachrichten in die Kinos, wobei die Kameraleute mit ihrem schweren Equipment kaum jemals zeitgerecht am Ort des Geschehens sein konnten und die Wirklichkeit deshalb meist nachinszeniert hatte werden müssen.

In den folgenden Jahren nahm die Inszenierung weiter zu, Situationen wurden oft alleine ihrer Verfilmung willen geschaffen. Der Dokumentar- wurde zum Propagandafilm und dessen prominenteste Vertreterin ist bis heute Leni Riefenstahl mit *Triumph des Willens* (1934) und *Olympia* (1938). Für diese Filme wurden außergewöhnlich große Teams sowie die allerneueste damals verfügbare Aufnahmetechnik eingesetzt: 170 MitarbeiterInnen, bewegte Kameras, Teleobjektive, Unterwasserkameras, Schienenkameras und Luftaufnahmen standen zur Verfügung und das Verhältnis von Film und Realität erhielt endgültig eine neue Bedeutung: „In ‚Triumph des Willens' ist das Dokument (das Bild) nicht nur die Aufzeichnung der Realität, sondern ein Grund, warum die Realität hergestellt wird; und schließlich wird das Dokument an die Stelle der Realität treten."[17]

In scharfem Kontrast zur mittlerweile staatlich gelenkten Filmproduktion in Deutschland und Russland etablierte sich die britische

A Eine kurze Geschichte des Dokumentarfilms

Dokumentarfilmbewegung, die sich dem Realismus verbunden fühlte. Führender Vertreter war John Grierson, seine Schilderung *Drifters* (1929) über das Leben schottischer Fischer gilt als Beginn dieser neuen Richtung. Grierson beeinflusste als Theoretiker und Netzwerker maßgeblich die weitere Entwicklung des Dokumentarfilms

A2 VOM SPEKTAKEL ZUM DIRECT CINEMA

In den 1960er-Jahren verliert mit der 16-mm-Kamera – „the camera that changed the world", wie es Mandy Chang formulierte – und endlich auch mobilen Tonbandgeräten der Film endgültig seine Fesseln. Zu Beginn war die Themenauswahl sehr dem Spektakel verhaftet – dramatische Ereignisse und spektakuläre Sujets –, die ungewohnte neue Bewegungsfreiheit musste ausgenutzt werden. Doch bald dominierte die Alltagsbeobachtung: Plötzlich war es möglich, sich unaufdringlich mit der Kamera zu bewegen, mit einem kleinen Team von ein bis zwei Menschen einfach zu beobachten und zu filmen und somit eine neue Art von Wahrhaftigkeit auf die Leinwand zu bringen. Die prominentesten Vertreter dieser von Nordamerika ausgehenden Stilrichtung sind Michel Brault, Albert und David Maysles, D.A. Pennebaker und Robert Drew, der die Methoden des Fotojournalismus in den Dokumentarfilm zu übertragen versuchte.

Im Unterschied zu den Vertretern des zeitgleich in Frankreich agierenden – und oberflächlich sehr ähnlichen – *Cinéma Vérité* versuchten die Filmemacher des *Direct Cinema* mit einem kleinen Team auszukommen und möglichst nicht in das Geschehen einzugreifen. Es entstand ein Stil, in dem die Kamera eine rein beobachtende Position einnimmt, um ein möglichst authentisches Bild des Geschehens einzufangen und damit einen Traum von Vertov zu verwirklichen: „Jeder tut im Leben seine Arbeit und stört andere nicht bei der Arbeit. Es ist die Aufgabe der Filmschaffenden, uns so zu filmen, dass sie uns nicht bei der Arbeit stören."[19]

A Eine kurze Geschichte des Dokumentarfilms

Doch nicht nur Fotojournalismus und neue Kameratechnik beeinflussten den Dokumentarfilm, auch das Fernsehen mit seinen Wurzeln im Radiojournalismus leistete seinen Beitrag. Es wurde sowohl zu einer neuen Sendefläche für die alten „Kulturfilme" als auch zu einer Vertriebsform für die wackeligen Bilder des *Direct Cinema*, die hier in ihrer Unmittelbarkeit zur Geltung kommen konnten.

Filme wie *Salesman*, eine Studie der Maysles-Brüder über Bibelverkäufer, und *Grey Gardens*, ihr Film über das wohl wunderlichste und charmanteste Mutter-Tochter-Paar der Filmgeschichte, oder *Don't Look Back*, D.A. Pennebakers Portrait über Bob Dylan: Sie alle brachten eine völlig neue Offenheit ins Kino, eine schwankende Kamera, Unschärfen, Überlängen, plötzliche Schwenks. Die Kamera war den Protagonisten so nahe wie nie zuvor. Keine Orchestrierung mehr, keine offensichtlichen Inszenierungen, der Alltag schien plötzlich die Leinwand erobert zu haben.[20]

D.A. Pennebaker, einer der profiliertesten Regisseure des amerikanischen *Direct Cinema*, war übrigens an der Entwicklung der ersten 16-mm-Synchronkamera direkt beteiligt: „In 1953 Pennebaker made his first short film, *Daybreak Express*, and then proceeded to use his formal training and background as a mechanical engineer – combined with ingenuity and sheer determination – to invent both a style for nonfiction film and new film equipment that made that style possible."[21]

Dieser direkte Bezug zwischen Filmemachern und ihrer Technik hat diese Arbeiten ähnlich fundamental beeinflusst, wie es heute etwa bei Katerina Cizek oder Jonathan Harris der Fall ist, die Navigation, Grafik und Aufbau ihrer Projekte sehr bewusst und kompetent gestalten und jeder Geschichte die adäquate technische Umsetzung zu geben versuchen.

> **DIRECT CINEMA ... REVOLUTIONIZED THE DOCUMENTARY GENRE BY DISCARDING NARRATION, REENACTMENS AND OTHER STAGED TECHNIQUES IN FAVOR OF DIRECT AND UNINTERRUPTED OBSERVATION, CREATING A FLY-ON-THE-WALL SENSE OF IMMEDIACY.**[18]

MEGAN CUNNINGHAM, CEO VON MAGNET MEDIA

A Eine kurze Geschichte des Dokumentarfilms

A3 VOM VIDEO ZUR HANDYCAM

Mit Beginn der 1980er-Jahre wurde nicht nur das Filmmaterial dank Video immer billiger – auf dem Weg von der Digicam zur Handycam wurde das gesamte Equipment immer leichter, günstiger und effizienter. Der Dokumentarfilm wandelte sich aufgrund der größeren Materialmengen zunehmend von einer Kunst der Aufnahme zu einer Kunst des Schnitts und wurde auch immer mehr zu einer Kunst- und Mitteilungsform politischer Aktivisten. Kleinere und günstigere Kameras beeinflussen nicht nur die Bildqualität, sondern auch, wer eine Kamera benutzt und wie sie benutzt wird. Die Technik beeinflusst, was gefilmt werden kann und wie es gefilmt werden kann, beeinflusst sogar die Kameraführung und damit das, was das Publikum letztendlich sehen wird.

Das filmästhetisch radikalste Beispiel für die Segnungen der medialen Demokratisierung ist bis dato wohl Jonathan Cauoettes 2003 fertiggestellter autobiographischer Dokumentarfilm *Tarnation*. Cauoettes drehte die Dokumentation über sein chaotisches Aufwachsen in seiner dysfunktionalen Kleinfamilie mit den jeweils verfügbaren Videokameras und schnitt den Film schließlich mit iMovie. Die spezielle Ästhetik von *Tarnation* beruht vielfach auf einem im Grunde sehr amateurhaften, aber in diesem Kontext sehr stimmigen Einsatz von in iMovie integrierten Spezialeffekten.

Auch gesellschaftspolitisch hat die handliche Videokamera vieles bewegt: Von Rodney King bis zu den Bildern der von US-amerikanischen Soldaten gefolterten irakischen Gefangenen in Abu Ghraib haben die Videobilder von Amateuren eine Öffentlichkeit über

> **DIE ERSTEN DIGITALEN EFFEKTE SAHEN EINFACH ERBÄRMLICH AUS, UND ÜBERHAUPT HATTE MAN DAS GEFÜHL, DASS DIESE DIGITALE TECHNIK SO EINE ART KREBSGESCHWÜR IST, DAS DAS KINO NOCH RUINIEREN WIRD.[22]**
>
> WIM WENDERS, REGISSEUR

Sachverhalte informiert, die nie für sie gedacht waren, und haben sich so als unverzichtbare Werkzeuge der Demokratie bewiesen. Wim Wenders *Buena Vista Social Club* (1999), jener Film, der am Anfang der neuen digitalen Erfolgswelle des Dokumentarfilms im deutschen Sprachraum stand, wurde als einer der ersten professionellen Kinofilme komplett digital aufgenommen – mit einer DigiBeta sowie einigen Mini-DV-Kameras. Auch wenn damals einige Filmkritiker die mangelnde Bildqualität scharf kritisierten, dem Erfolg und seiner filmischen Qualität tat dies keinen Abbruch.

A Eine kurze Geschichte des Dokumentarfilms

Wim Wenders Wandel in seiner Einstellung zur Videotechnik[23] ist beispielhaft für den Umgang mit neuen Verfahren und ihrer langsamen Etablierung: Was zuerst als störend empfunden wird, ist irgendwann als notwendiges Übel akzeptiert und wird schließlich nicht nur als gleichwertig, sondern sogar als notwendig für die Umsetzung bestimmter Inhalte erkannt.

Wenders benutzte Video zuerst 1980 bei *Nick's Film – Lightning over Water*, seinem Portrait des an Krebs erkrankten Nicholas Ray. Er empfand die Videobilder damals noch als „Krebs innerhalb des Films" und verwendete diese Bilder folgerichtig zur Darstellung der Krankheit. Zehn Jahre später war nicht nur die Videotechnik weiterentwickelt, auch seine Einstellung zu Video hatte sich verändert. Als Wenders für *Aufzeichnungen von Kleidern und Städten* wieder sowohl mit Video als auch mit 35-mm-Kameras arbeitete, stellte er fest: „Zu meinem Entsetzen waren die Videobilder mitunter sogar ‚richtiger', so als ob sie besseren Zugang zu den Dingen vor der Kamera hätten."[24]

Für den Medientheoretiker Nicholas Rombes könnte diese Richtigkeit der Videobilder auch einfach damit zusammenhängen, dass sie mittlerweile unseren Alltag bestimmen: „The ubiquity of digital motion picture technology today (...) makes moving images more natural in the sense that they correspond more closely than ever before to our experience of everyday reality."[25] Die Videotechnologie hat also nicht nur unsere Filme, sondern auch unsere Wahrnehmung verändert.

Mittlerweile ist es nicht nur möglich, einen vollwertigen Film mit einem Mobiltelefon zu erstellen, es wird auch längst gemacht. Und nicht nur von experimentierfreudigen KünstlerInnen oder Low-Budget-Produktionen, sondern auch von etablierten Filmemachern. 2005 drehten Marcello Mencarini und Barbara Seghezzi den ersten Feature-Film auf einem Mobiltelefon im MPEG4-Format – einen Interviewfilm über die Einstellung der Italiener zu Sexualität und Liebe als Hommage an Pasolinis *Love Meetings*. Für *New Love Meetings* interviewten Mencarini und Seghezzi etwa 700

Menschen, 100 Interviews sind in dem Film zu sehen. Das Team empfand gerade die Beschränkungen des Mobiltelefons als großen Vorteil für ihre Arbeit.

Auch *Searching for Sugar Man*, Oscar-Preisträger des Jahres 2013, arbeitet mit dieser Technologie: Der Film wurde aus Kostengründen teilweise mit der 8-mm- App für das iPhone gedreht. Und Boris Gerrets' wunderbar poetischer Dokumentarfilm aus dem Jahr 2010, *People I Could Have Been and Maybe Am*, wurde gleich vollständig mit einer Handykamera aufgenommen. Dieser Film, der der Frage nachgeht, was passiert, wenn man in das Leben von Fremden eindringt, begleitet Gerrets' Beziehungen zu zwei Zufallsbekanntschaften und nutzt erfolgreich das verwackelte, schlecht ausgeleuchtete Bild der Handykamera, um ein Gefühl von Authentizität, Intimität und Nähe herzustellen.

A4 HYBRIDE DES DOKUMENTARFILMS

Inmitten der Krise von Kino und Fernsehen hat sich der Dokumentarfilm in den letzten Jahren wieder eine ästhetische Offenheit erkämpft, die einer anderen Form von Wahrhaftigkeit verpflichtet ist als jener der bloßen Abbildung.

Gerade Hybridformen lieferten in den letzten Jahren oft die stärksten Bilder und Geschichten: Fiktionale Anteile bestimmen in unterschiedlichem Ausmaß und unterschiedlicher Qualität Filme wie *This Ain't California* von Marten Persiel, einem Dokumentarfilm über die Skaterszene der DDR, der eine Collage aus authentischen Super-8-Aufnahmen und inszenierten Gesprächen darstellt. Ein weiteres Beispiel für eine Hybridform ist *The Act of Killing* von Joshua Oppenheimer über den indonesischen Militärputsch, in dem die damaligen Mörder und Folterer, deren Verbrechen bis heute nicht gesühnt worden sind, ihre Verbrechen vor laufender Kamera re-inszenieren. Oder *Bombay Beach* von Alma Har'el, ein bemerkenswert einfühlsamer Film, der in ganz eigener Filmsprache von einer kleinen Community von Außenseitern und Aussteigern am kalifornischen Salton Sea erzählt und die dokumentarische Form immer wieder mit stilisierten Tanzszenen durchbricht.

Auch Animationen haben sich als Stilmittel des Dokumentarfilms mittlerweile durchgesetzt und dienen oft, wie in *Waltz with Bashir* von Ari Folman oder *Khodorkovsky* von Cyril Tuschi, der Darstellung dessen, was anders nicht darstellbar ist, wovon es keine Dokumente gibt – und was vor kurzem wohl noch von einem *talking head* erzählt worden wäre.

> **WIR HABEN DIE MEDIEN SCHNELLER UND GRÜNDLICHER DEMOKRATISIERT, ALS WIR JE ZU HOFFEN GEWAGT HABEN. JETZT HABEN WIR DIE MACHT. WISSEN WIR, WIE SIE ZU GEBRAUCHEN IST?**[26]

JAMES MONACO, FILMKRITIKER

ZITAT

Einen ganz anderen Weg beschreiten Mockumentaries, die ein imaginäres Ereignis nach Art einer seriösen Dokumentation schildern – wie z.B. *Kubrick, Nixon und der Mann im Mond* von William Karl –, um sich mit einer speziellen Art von Berichterstattung kritisch zu befassen und diese zu hinterfragen.

Nicht nur im Kino, auch im Fernsehen versuchte man sich mithilfe von Hybridisierungen ein neues Profil zu erarbeiten. Doch während es im Dokumentarfilm um einen höheren Anspruch an Darstellbarkeit und Komplexität ging, sollte die Veränderung der Doku im Fernsehen im Gegenteil eine größere Kalkulierbarkeit gewährleisten. Man öffnete sich Richtung Fiktionalisierung und schrieb dem Dokumentarfilm ein Drehbuch; zahlreiche neue Formate wie

A Eine kurze Geschichte des Dokumentarfilms

Dokusoaps, Scripted Reality oder Realityshows entstanden. Dank anfänglich großem Publikumsinteresse engagierten sich viele Fernsehsender in der Produktion solcher Formate. Man dachte, mithilfe gecasteter Protagonisten, gescripteter Dialoge, Plotpoints und Cliffhangern Empathie und Spannung generieren zu können und so eine treue Zuseherschaft zu gewinnen.

Das Interesse des Publikums erlahmte aber nach relativ kurzer Zeit und der Höhenflug der Dokusoaps fand ein rasches Ende. Man hatte sich sattgesehen an den vielen Varianten des immer Gleichen.

Und unter Dokumentarfilmern waren sie ohnehin nie sehr beliebt: „In jeder Szene sind Plot Points, jede Szene wird hochgetrieben wie in einem Durchlauferhitzer. Diese Scripted-Reality-Formate sind der Tod von Ambivalenz, der Tod von Zwischentönen."[27]

4 Hybride des Dokumentarfilms

Abb. 1: Joshua Oppenheimer (2012): *The Act of Killing*, Dänemark, Norwegen, UK, Filmstill

Abb. 2: Alma Har'el (2011): *Bombay Beach*, US, Filmstill

DOKUMENTARFILM HEUTE

B

B1 **36**
Dokumentarfilm im TV

B2 **39**
Die Herrschaft der Quote

B3 **44**
Dokumentarfilm im Kino

B Dokumentarfilm heute

Dokumentarfilm befindet sich heute zwar inhaltlich und ästhetisch, aber leider nicht finanziell in einer rosigen Situation. Einerseits gibt es – unter anderem dank der Demokratisierung der Betriebsmittel – viel mehr Dokumentarfilme auf dem Markt als früher, andererseits gibt es weniger Geld, weniger Sendeplätze und weniger Kinos, die Dokumentarfilme zeigen. Und die Aufmerksamkeit des Publikums muss sich der Dokumentarfilm nun auch noch mit dem Internet teilen, dessen Inhalte stets verfügbar und dazu oft noch gratis sind.

Auch Fernsehsender haben mit neuen Konkurrenten zu kämpfen: VoD-Angebote wie Netflix oder das Videoportal YouTube, die von High-Quality-Serien bis zu Trash-TV ganze Programmfelder besetzen, die früher vom Fernsehen bestimmt wurden, sind immer beliebter. Und Fernsehen muss sich mittlerweile auch damit abfinden, zunehmend zum irrelevanten Hintergrundmedium zu werden – die Nutzung von Multiple Screens, mit denen man stets mit dem Internet verbunden bleibt, ist ein Trend, der sicher nicht mehr verschwinden wird.

Die Lage in den Kinos ist nicht viel besser: Einem Überangebot an Filmen steht ein zurückhaltendes Publikum gegenüber, das alle Filme schon längst zu Hause ansehen kann, bevor sie ins Kino kommen. Kinos können oft nur noch als hochgerüstete 3D-Multiplex-Institutionen überleben und die kleinen Programmkinos werden zunehmend durch Filmfestivals ersetzt.

Die Filmindustrie befindet sich in einer ähnlichen Situation wie weiland die Musikindustrie und sie scheint ähnlich hilflos damit umzugehen.[29]

BALD WIRD JEDER SEINE EIGENEN FILME DREHEN KÖNNEN, UND DANN GIBT ES EINE FLUT VON INDIVIDUELLEN DOKUMENTARFILMEN. WER SOLL DIE DENN ALLE SEHEN? WO SOLLEN DIE DENN ALLE LAUFEN?"[28]

ZITAT

CHRISTIAN BAUER, FILMPRODUZENT

B Dokumentarfilm heute

B1 DOKUMENTARFILM IM TV

Zwischen Quoten und Formaten

Lange Zeit war Fernsehen *der* Ort für dokumentarischen Film und lange hatten DokumentarfilmerInnen auch unter der Dominanz des Fernsehens zu leiden. Für D.A. Pennebaker war Fernsehen noch der absolute Gegenpol zum Filmerlebnis. „The problem we had was that they (the films) had to fit into a TV format that was less than an hour long, with advertising in between. It was a disaster"[31], schildert er seine ersten Erfahrungen mit einer Fernsehproduktion. Doch später wurde Fernsehen zum wichtigsten Partner für Dokumentarfilmer und galt nicht zu Unrecht als der „größte Auftraggeber und größte Verhinderer von Dokumentarfilmen in einem",[32] wie es Filmtheoretiker Thomas Schadt formulierte.

Mittlerweile neigt sich diese Zeit der Dominanz dem Ende zu: Das Fernsehen zahlt nicht nur immer weniger für Dokumentarfilme, es sieht auch immer weniger – und immer unattraktivere – Programmplätze für Dokumentarfilme vor.

Patrick Hörl, Chef der Produktions- und Vertriebsfirma Autentic, schildert die zunehmenden Probleme beim Verkauf von Dokumentarfilmen: „Heute ist es oft so, dass man mit wesentlich mehr Kunden zu tun hat, wesentlich mehr Sendern, aber die zahlen alle viel weniger. Um den gleichen Umsatz zu machen, müssen Sie fünfmal so viele Deals abschließen als noch vor einigen Jahren."[33]

Die Ursachen für diese Situation sind vielfältig: Der Zugang zu den filmischen Produktionsmitteln wurde durch die Digitalisierung immer

> **JEDEN TAG STIRBT EIN ZDF-ZUSEHER.**[30]
>
> DORIS DÖRRIE, REGISSEURIN

ZITAT

leichter. Kameras und Schnitt, auch auf professionellem Niveau, wurden für immer mehr Menschen erschwinglich, somit konkurrieren mittlerweile wesentlich mehr Filme um die wenigen vorhandenen Sendeplätze. Auf der anderen Seite aber sind die Ansprüche der Sender an die technische Qualität der Sendungen gestiegen, nicht aber ihre Budgets. Und die Sender versuchen den Verlust ihrer Marktmacht durch Formatierung der Sendungen aufzuhalten[34]: „Es zählt die Verpackung, die Serie, die *corporate identity*, das austauschbare Gesicht, das immergleiche Format, damit glaubt man, den Zuschauer zu fangen."[35]

Formatfernsehen verzichtet zugunsten einer besseren Vergleichbarkeit auf formale Vielfalt:[36] „Formatfernsehen zielt auf Darstellung, nicht auf Beobachtung. Formatfernsehen kann den Zufall nicht gebrauchen und kann mit dem Unerwarteten nichts anfangen."[37] Und so sind die Formen, in denen dokumentarische Sendungen im Fernsehen vorkommen dürfen, stark reglementiert.

Nichtfiktionale Sendungen sind zwar im deutschen Fernsehen immer noch relativ stark vertreten, aber sie sind primär bei den öffentlich-rechtlichen Sendern zu finden. Innerhalb dieser konzentrieren sie sich auf die Kulturkanäle ARTE und 3sat sowie die dritten Programme der ARD.

Zudem wird die scheinbar recht hohe Zahl an nichtfiktionalen Sendungen durch die Anzahl an Wiederholungen und Übernahmen relativiert. Und es werden mittlerweile hauptsächlich kurze Formen von 30 bis 45 Minuten Länge gezeigt, während der klassische lange Dokumentarfilm mit 80 Minuten und mehr zwar noch im Fernsehen zu finden ist, aber selten auf prominenten Sendeflächen wie der Primetime. Einzelstücke sind allgemein selten geworden und mussten Serien, Reihen und Mehrteilern weichen.

Auch inhaltlich sind dokumentarische Sendungen sehr reduziert und werden von den Themenkreisen Reisen, Natur und Tiere mit ca. 40 Prozent des Angebots dominiert. Weitere 40 Prozent befassen sich mit sogenannten gesellschaftlichen Themen und werden mittlerweile oft in der hybriden Form von Dokusoaps inszeniert.

Je politischer, investigativer und kontroverser ein Dokumentarfilm, desto später wird er üblicherweise gesendet. Die Primetime ist auch bei öffentlich-rechtlichen Sendern möglichst Unverfänglichem und Vorhersehbarem (=Formatiertem) vorbehalten.

Und diese Entwicklung lässt sich, darin herrscht Einigkeit unter den Fachleuten, auch nicht mehr zurückdrehen. Sie wird wohl im Gegenteil noch verstärkt. Das Einzelstück muss sich einen anderen Platz suchen, wie Christian Bauer die aktuelle Situation mit anderen Worten beschreibt: „Fernsehen als Wundertüte, das funktioniert nicht mehr."[38]

Die Begeisterung für die Formatierung kann historisch auf die zunehmende Bedeutung der Einschaltquote in Bezug auf die Programmgestaltung zurückgeführt werden: Je klarer das Profil eines Sendeplatzes, desto klarer definiert ist das entsprechende Publikum, desto höher wird die Quote in dieser Zielgruppe sein und desto spezifischer auf diese Zielgruppe zugeschnitten kann die Werbung in den jeweiligen Werbepausen sein. Und damit lässt sich der Wert der Werbeminuten erhöhen und damit wieder das Budget des Senders.

B2 DIE HERRSCHAFT DER QUOTE

Die Quote war als Grundlage der Finanzierung von Beginn an Bestandteil des kommerziellen Fernsehens. Das bis heute marktbeherrschende Marketingunternehmen ACNielsen etablierte in den USA das Verfahren zur Erhebung der Ratings, das zu Beginn noch aus Aufzeichnungen in Form einfacher Tagebücher bestand und später von Messgeräten abgelöst wurde.

Auch in Deutschland gab es quasi von Beginn des Fernsehens an Quotenmessungen, ARD und ZDF führten mit dem Tammeter von 1963 bis 1974 die ersten kontinuierlichen Messungen durch.

Für den öffentlich-rechtlichen Rundfunk in Deutschland, der eigentlich dank Pflichtgebühren und Bildungsauftrag ein entspanntes Verhältnis zur Einschaltquote haben könnte, wurde die Quote nach Einführung der privaten kommerziellen Fernsehsender Mitte der 1980er-Jahre trotzdem zum fast alleinigen Kriterium zur Beurteilung des Erfolgs seiner Sendungen. Während es bis dahin auch noch um den Bildungsauftrag ging, hieß es ab dann: „Diese Nutzungsdaten haben Währungscharakter."[40] Denn nicht nur die Preise der Werbeminuten stehen in einem direkten Zusammenhang mit der Quote – die Tatsache, dass die Konkurrenz überhaupt Zuseher hatte, wurden von den öffentlich-rechtlichen Sendern schon als Problem gewertet. Anstatt ihren Vorteil zu nutzen und mit den Gebühren Kulturformate, Politsendungen oder Wissenschaftsmagazine zu produzieren, wollten die öffentlich-rechtlichen Sender in einem argumentativen Gewaltakt nun so viel Publikum wie möglich erreichen, um dem Bildungsauftrag gerecht werden zu können, sprich:

mit Bildungsinhalten auch wirklich jemanden erreichen. „Es war Forschung, die notwendig war, um auch die Erfüllung des Programmauftrags gegenüber allen Gruppen und Schichten der Bevölkerung dokumentieren zu können."[41]

Diesem Kampf um Einschaltquoten verdankt sich schließlich die zunehmende Einförmigkeit des Fernsehprogramms – die „quotenbezogene Optimierung der Inhalte, ihrer Präsentationsformen und Zuschaueradressierung."[42] Denn, wie Bodo Witzke sagt: „Saubere Etikettierung ist unter Quotengesichtspunkten überlebensnotwendig."[43]

Wie endgültig sich die Formatierung durchgesetzt hat, zeigt die Expertise des Adolf-Grimme-Instituts aus dem Jahr 2003: 88 Prozent aller dokumentarischen Sendungen im Untersuchungszeitraum waren 30 bzw. 45 Minuten lang, nur zwölf Prozent dauerten 60 Minuten oder länger.[44]

Das öffentlich-rechtliche Fernsehen hat sich dadurch der Logik der kommerziellen Fernsehvermarktung völlig unterworfen und seinen eigentlichen Auftrag vernachlässigt.[45] Und indem sich die Programmplanung derart stark an die Werbeindustrie bindet und kaum mehr Inhalte zulässt, die die als relevant erachteten Zielgruppen verschrecken könnten, gefährdet sie sowohl ihre wirtschaftliche Unabhängigkeit als auch ihre politische und gesellschaftliche Glaubwürdigkeit: „Ist nicht das Schielen auf die Quote ebenfalls eine interessengeleitete Selektion und eine Preisgabe der Unabhängigkeit? Diese Preisgabe geht ja so weit, dass bestimmte Themen einfach nicht behandelt, andere bevorzugt werden."[46]

Erstmals ernsthaft hinterfragt wurde die Quotenmessung und die ihr zugesprochenen Bedeutung, als Ende 2013 Joseph von Westphalen einen Artikel über seine Erfahrungen mit der Gesellschaft für Konsumforschung (GfK) publizierte[47] und sich der Publizist und Filmkritiker Claudius Seidl daraufhin in einem heiß diskutierten Artikel der FAZ fragte, was die Einschaltquote denn überhaupt misst: „Es ist also mehr als ein bloßer Verdacht, dass die Einschaltquote

> **MARKTANTEIL, MARKE, ZIELGRUPPE UND AUDIENCE FLOW SIND DIE ENTSCHEIDENDEN KRITERIEN DER PROGRAMMPLANER.[39]**
>
> FRITZ WOLF, JOURNALIST

nicht etwa misst, wie viele Menschen welche Sendungen sehen. Sie misst vielmehr, wann, was und wie lange jene Leute sehen, die Zeit und Nerven genug haben, an der Quotenmessung teilzunehmen."[48] Zur Primetime sehen in Deutschland laut GfK 30 Millionen Menschen fern (während 50 Millionen Personen eben nicht fernsehen …). Von diesen 30 Millionen kommt die Altersgruppe der 14- bis 69-Jährigen auf einen durchschnittlichen Konsum von 232 Minuten täglich. Da insgesamt der durchschnittliche TV-Konsum der über 14-Jährigen bei 250 Minuten täglich liegt, liegt für Seidl der Gedanke nicht fern, dass die Differenz den über 69-Jährigen zu verdanken ist[49].

Was daraus folgt, ist für Seidl offensichtlich: „Es ist nicht etwa die Mehrheit, die öffentlich-rechtliche Programme sieht. Es sind jene Leute, welche das Lesen anstrengt und das Ausgehen erst recht, Leute, die vielleicht auch schon genug geredet haben in ihrem Leben und ein paar Abende, in denen das Fernsehen zu ihnen spricht, gut aushalten können."[50]

B Dokumentarfilm heute

Verabschieden wird man sich wohl trotzdem nicht so bald von der Quote können – wenn man neueren Meldungen glauben kann, wird das Instrument eher aus- als abgebaut und damit auch die Formatierung der Programme.[51]

Doch die Nachteile der Formatierung beschränken sich nicht bloß darauf, dass sie per se bestimmte Inhalte, Themen und Menschen ausschließt. Sie macht Fernsehen durch die allzu große Vorhersehbarkeit einfach langweilig. „Formatfernsehen ist immer in der Gefahr auszuleiern", wie Heiner Gatzenmeier[52] vom ZDF beobachtete. Die Sendungen altern schneller als ursprünglich erwartet, selbst wenn sie eigentlich einmal beliebt waren. Formatfernsehen verstärkt letztlich also genau das, was es eigentlich verhindern wollte: den Schwund des Publikums.

Und auch wenn das klassische Fernsehen noch lange nicht tot ist, es baut langsam aber stetig ab. In den USA haben die 18- bis 24-Jährigen ihren Fernsehkonsum in den letzten beiden Jahren um drei Stunden pro Woche reduziert.[53] Und einer Studie der Arbeitsgemeinschaft Fernsehforschung (AGF) zufolge gibt es in Deutschland seit 2012 einen starken Abfall der Zuschauerzahlen in der Zielgruppe von 14- bis 19-Jährigen. Im Vergleich zu 2011 ging ihr Fernsehkonsum um fast zehn Prozent zurück. Während die Jugendlichen nur noch 103 Minuten pro Tag fernsehen – 120 Minuten weniger als ihre Eltern – sind sie täglich fast vier Stunden lang im Internet.[54]

Eine eindrucksvolle Gegenüberstellung der Zugriffszahlen von TV-Mediatheken und beliebten YouTube-Sendungen hat der Journalist Konrad Lischka[55] in seinem Blog publiziert: Die erfolgreichste TV-Sendung in der 49. Kalenderwoche 2014 war die ZDF-Sendung *Ein Herz für Kinder* und hatte 200.357 Abrufe in einer *Woche*, der erfolgreichste YouTube-Clip war *Apecrime: SONGS IN REALLIFE 4* mit 504.366 Abrufen an einem *Tag*. Woran man sieht, dass vom Fernsehsendern produzierte Inhalte mittlerweile auch dann Probleme haben, ein Publikum zu finden, wenn sie dort zur Verfügung stehen, wo das Publikum ist: im Internet.

2 Die Herrschaft der Quote

Und seitdem Netflix auch auf dem deutschsprachigen Markt präsent ist, werden die Karten ohnehin neu gemischt. Netflix-Chef Hastings sagt das Ende des klassischen Fernsehens für 2030 voraus, sein Programmleiter Ted Sarandos sieht es zwar überleben, aber ausschließlich beschränkt auf Live-Ereignisse wie Sportübertragungen.[56] Für Angebote wie Netflix hat die Quote jegliche Bedeutung verloren, denn Netflix ist nicht auf Werbekunden angewiesen, sondern auf Abonnenten. Und die ködert man nur mit zuverlässiger Qualität.

B3 DOKUMENTAR-FILM IM KINO

Documentaries may be cool, but they aren't making money[57]

Das Interesse am Dokumentarfilm ist einerseits so groß wie selten zuvor und Dokumentarfilmfestivals sind regelmäßig ausverkauft, andererseits kann aber kaum jemand davon leben, Dokumentarfilme zu machen. Und zum einen gibt es für manche Dokumentarfilme ungewöhnlich hohe Budgets, zum anderen schrumpfen die Budgets für die meisten anderen Produktionen.

Und während die einen mit Fritz Wolf schwärmen: „Nie war das Interesse des Publikums am langen Dokumentarfilm so groß wie heute – er lebt und es geht ihm gut. Wer hätte sich schon träumen lassen, dass es Etats für Dokumentarfilme im siebenstelligen Euro-Bereich geben könnte? Dass Dokumentarfilme Gewinne erwirtschaften?"[59], muss man doch feststellen, dass dies keineswegs für die Mehrheit gilt. Im Gegenteil: In einer Studie[60] im Auftrag der Arbeitsgemeinschaft Dokumentarfilm (AG DOK) gaben erschreckende 85 Prozent der befragten Dokumentarfilmer an, von ihrem Beruf nicht leben zu können – sie arbeiten im Schnitt 82 Tage pro Jahr unentgeltlich.

Trotz der tristen Lage des Fernsehens werden hier immer noch die meisten Dokumentarfilme finanziert – sie könnten ohne dieses Medium nicht überleben. Und deshalb ist die Marginalisierung, die der Dokumentarfilm durch das Fernsehen erfährt, umso schmerzhafter und folgenreicher.

ZITAT

SCHON VOR JAHREN HAT DER MÜNCHNER DOKUMENTARFILM-REGISSEUR PETER HELLER SEINE ARBEITSSTUNDEN ZUSAMMENGEZÄHLT UND AUF DIE ERHALTENEN SENDERHONORARE UMGELEGT. DAS ERGEBNIS WAR DEPRIMIEREND – SEIN STUNDENLOHN LAG UNTER DEM EINER PUTZFRAU.[58]

THOMAS FRICKEL, REGISSEUR UND PRODUZENT

B Dokumentarfilm heute

Insbesondere kleine Produktionsfirmen arbeiten, wie eine Studie der bayerischen Landesmedienanstalt feststellte, besonders oft unterhalb der Kostendeckungsquote. Horst Röper vom Medienforschungsinstitut Formatt stellte fest, dass die Budgets bei dokumentarischen Programmen und Informationsprogrammen weitgehend stagnieren und sich immer mehr kleine Produzenten um einen immer kleiner werdenden Kuchen streiten.[61]

Auch die Preise für Fernsehrechte von Dokumentarfilmen sind massiv eingebrochen, wie Richard Propper, Co-Gründer von *WESTDOC* und CEO der Agentur *Solid Entertainment*, in einem Interview[62] festhält: „Today, we see around $8,000 for an hour in Germany. We used to see $20,000. France, about $7,500 and it used to be $15,000. The UK – as high as $80,000, now $25,000. Generally, all the digital, free follow along rights go with the license fee. Pay VOD is still retained by the producer. We've had to sell more content overall and look harder for the opportunities."[63]

Wie absurd die Verhältnisse zum Teil sind, lässt sich gut verdeutlichen, wenn man das Budget von Dokumentarfilmen mit dem anderer Filmgattungen vergleicht: „An average 30-second commercial has the budget of the average feature documentary. One episode of any flashy cop or medical serial would make 10 feature documentaries."[64]

Und nicht nur im Fernsehen, auch im Kino wohnt der Dokumentarfilm in der *Nische*.[65] Für Thomas Rigler, den ehemaligen Vizepräsidenten der *International Documentary Association*, ist die Situation klar: „Der Kinomarkt für Dokumentarfilm in den USA ist eigentlich am Ende. 2009 haben es gerade einmal sechs Dokus geschafft, im Kino mehr als 1,5 Millionen Dollar einzuspielen und nur zwölf schafften es, mehr als 400.000 einzuspielen."[66]

Leider sieht die Situation auch in Deutschland nicht besser aus: Trotz eines Anteils in deutschen Kinos von etwa 16 Prozent erreichten Dokumentarfilme zwischen 2008 und 2011 nur 2 Prozent des Publikums.[67] Es werden zwar zahlreiche Dokumentarfilme produziert, von denen wiederum viele in deutschen Kinos zu sehen sind, gesehen werden sie allerdings nur von wenigen. 2006 wurden in deutschen Kinos ca. 52, 2012 schon mehr als 70 Dokumentarfilme gezeigt: Die Zahl der Filme steigt, das Publikum bleibt aber bestenfalls gleich. Und oft bleibt es aus.[68]

Letztlich hat sich auch im Kino die Formatierung durchgesetzt. Blockbuster und Serie oder Nische: Filme, die sich außerhalb der Kategorie des Blockbusters bewegen, haben es schwer, im Kino ihr Publikum zu finden: Eine einzige Episode von Star Wars hat mehr Zuseher als die Gewinner der Filmfestivals von Cannes und Venedig der letzten zehn Jahre gemeinsam.[69]

Und die verschärfte Konkurrenz sowie die hohe Mieten haben dazu geführt, dass das Kinosterben anhält. So mussten in Deutschland zuletzt 183 Filmtheater schließen, während zeitgleich nur 124 neu- oder wiedereröffnet wurden. Insgesamt sank die Zahl der Kinosäle auf 4.640 – einige Jahre zuvor waren es noch knapp 4.900 Säle.[70] Betroffen sind meist kleine Kinos in Kleinstädten und Dörfern. Doch immer wieder trifft es auch beliebte Programmkinos in Großstädten. Denn auch dort sind 20 Zuseher oft schon ein Erfolg für einen Nischenfilm.[71]

Dazu kommt, dass auch die DVD-Verkäufe seit Jahren rückläufig sind, während sich VoD sowohl im Verkauf als auch im Verleih zunehmend etabliert. Da bei vielen Filmen aber aufgrund der Förderrichtlinien immer noch die alten Verwertungsfenster eingehalten werden müssen, können die Verluste an der Kinokasse und durch den DVD-Verkauf nur selten mit VoD wettgemacht werden; und in der Zwischenzeit haben sich die Fans schon längst bei den vielen illegalen Anbietern eingedeckt.

Also beginnen sich auch die Filmemacher endlich nach neuen Möglichkeiten umzusehen. Mit Fernsehsendern und Kinos in Krisenstimmung, beginnen sie das Internet nicht nur als Vertriebsplattform zu entdecken, sondern auch als Medium. Hier haben sie potentiell Zugang zu einem geografisch unbeschränkten Publikum, das sie nur noch für ihre Geschichten begeistern müssen.

MEDIENNUTZUNG IM WANDEL

C1 **58**
Smart-TV, Multiscreen und
die Konvergenz der Geräte

C Mediennutzung im Wandel

Durch das Internet und die Etablierung von Videoportalen wie Vimeo oder YouTube kam eine lange sträflich vernachlässigte Kunstform zu neuem Ruhm: der Kurzfilm. Hier hat er quasi seine natürliche Heimat gefunden und kann sich in all seinen Unterarten verbreiten und ausleben: als Shortdoc, als Short Feature oder als Webserie.

Einer der ersten professionellen Filmemacher, der das Potential dieses neuen Mediums erkannte, war David Lynch, der mit seinem *Interview Project*[73] eine Serie kurzer Interviews mit „normalen" Amerikanern online publizierte und damit nicht nur dem Format Webdoku eine erste Referenz erwies, sondern mit der Auswahl der Gesprächspartner auch auf die Offenheit dieses Mediums verwies.

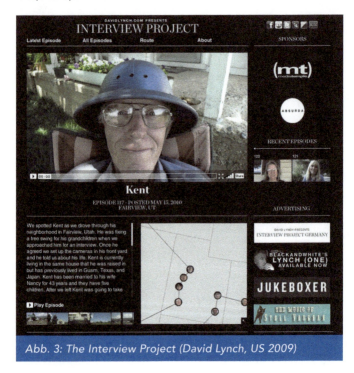

Abb. 3: The Interview Project (David Lynch, US 2009)

> **WIR GUCKEN ALLE KEIN FERNSEHEN MEHR. ES IST ABSURD, SICH EINE ZEIT ZU MERKEN, ZU DER MAN EINSCHALTEN MUSS, WEIL MAN SONST DIE SENDUNG VERPASST. DAS IST ABSOLUT NICHT MEHR MIT DEM HEUTIGEN LEBENSGEFÜHL VEREINBAR.**[72]
>
> Y-TITTY, COMEDYTRIO

ZITAT

Das potentielle Zielpublikum früherer Filmemacher war das Kino- und Fernsehpublikum einer genau definierbaren Region. Um seine Eroberung haben sich Sender, Vertriebe, PR- und Marketingspezialisten gekümmert. Heute ist das potentielle Publikum die Welt. Jeder Mensch, der Zugang zum Internet hat – wo auch immer er sich befindet. Allerdings sind all diese potentielle Kunden auch potentielle Konkurrenten, denn sie alle sind auch potentielle Contentproduzenten.

C Mediennutzung im Wandel

Noch vor nicht allzu langer Zeit konnten *User Generated Content* und *Premium Content* klar voneinander abgegrenzt werden; die Zuseherraten der professionellen Inhalte stiegen stärker an, die der Amateure weniger stark und *Premium Content* war eindeutig beliebter als *User Generated Content*. Doch so einfach ist das längst nicht mehr. Mittlerweile sind die beiden Kategorien immer schwieriger voneinander zu unterscheiden und in ihrer Attraktivität für User sind sie fast gleichauf.

User Generated Content wird längst professionell produziert und YouTube Channels haben sich mit ihrer hochgradigen Spezialisierung und ihren passgenau zugeschnittenen Inhalten mittlerweile ein Stammpublikum erobert. Sie machen nicht nur den Fernsehsendern Konkurrenz, sie haben einen eigenen unabhängigen Markt etabliert. Weltweit gibt es inzwischen zahlreiche YouTuber, die aus ihren Game-, Unboxing- oder DIY-Clips einen Beruf gemacht haben und damit gutes Geld einnehmen: PewDiePie, mit bürgerlichem Namen Felix Arvid Ulf Kjellberg, hat es mit Let's Plays zu Welterfolg gebracht und wird als erfolgreichster YouTuber der Welt mit mittlerweile über 33 Millionen Abonnenten auf ein Jahreseinkommen von etwa 7 Millionen USD geschätzt[74].

„Kaum jemand, der älter als 25 Jahre ist, vermutet auf YouTube ernst zu nehmende, durchdachte und vor allem: professionell produzierte Unterhaltungs- oder gar Informationsangebote. Ideen, die den Moment überdauern. Und genau das macht YouTube zum meistunterschätzten Fernsehphänomen dieser Zeit. Hinter der unübersichtlichen Fassade hat sich ein riesiges, buntes Angebot entwickelt, das etablierte Sender in naher Zukunft nicht vollends überflüssig werden lässt, aber doch: für weite Teile der Bevölkerung gänzlich irrelevant"[75], meinte etwa noch 2013 die ZEIT-Journalistin Alina Fichter. Tatsächlich waren die Mediennutzungsgewohnheiten der Generationen wohl nie zuvor so unterschiedlich wie heute: Und die Tatsache, dass junge Amerikaner ihre Nachrichten nur noch über *Social Media* konsumieren – also nur noch die Nachrichten lesen, die ihnen von ihrem sozialen Netzwerk empfohlen werden – zeigt die Richtung, in die die Entwicklung geht.

Sami Slimani, der deutsche YouTube-Superstar, der mit seiner Familie einen Soap-Opera-Auftritt à la Kardashian hinlegt, oder Y-Titty, die deutsche Comedytruppe, die mit Shows, Songs und interaktiven Spielereien ihren YouTube Channel bespielen, brauchen den internationalen Vergleich nicht zu scheuen: „Vergleicht man nun YouTube, seine SeherInnen und seine Formate mit dem klassischen Fernsehen, merkt man, dass hier das veränderte Mediennutzungsverhalten einfach schon voll zuschlägt. Die durchschnittlichen ATV-SeherInnen sind Mitte 40, die des ORF noch älter. Fernsehen ist ritualisiert, man sieht zu einer bestimmten Zeit bestimmte Sendungen. Unter den Jugendlichen verbreiten sich aber die kurzen YouTube-Videos in Windeseile, zu jeder Zeit in Peer Groups und vor allem über Smartphones: WhatsApp, Twitter, Facebook, SMS sind die Verbreitungskanäle … Ein Fünf-Minuten-Video über den neuesten Fashiontrend kann man beim Warten auf den Bus oder in der Pause ansehen und weiterverbreiten. Zumeist muss man sich auch keine Sorgen machen, dass hier irgendwer mitredet, der nichts von mir als Jugendlicher versteht oder mir jemand etwas verkaufen will. Bis zu einem gewissen Punkt ist auch feststellbar, dass die Abonnentenzahlen sinken, wenn zu offensiv ein bestimmtes Produkt beworben wird. Das wird TV-Sender mit ihrem Anspruch, die größtmögliche Anzahl an Zuschauer zu erreichen und noch Produkte zu verkaufen, in Zukunft vor einige Probleme stellen. Denn Content, der zu glatt ist, zu wenig emotionalisiert oder an der Zielgruppe vorbei geht, hat hier keine Chance."[76]

YouTube und Hulu steigen auch in die Finanzierung und Produktion ein: YouTube investiert 100 Millionen USD in die Förderung webbasierter Talente, Hulu gar 500 Millionen USD[77]. YouTube versucht zudem, sich vom Image des Trash-Anbieters zu lösen, indem es in einzelne Channel-Betreiber investiert, die eine besonders hohe Verweildauer und Nutzerbindung erreichen. Und auch Amazon dürfte

C Mediennutzung im Wandel

zusätzlich zu ihrem Prime-Instant-Video-Angebot bald einen werbefinanzierten Service errichten. In der Medienbranche bleibt kein Stein auf dem anderen.

Das geänderte Konsumverhalten betrifft nicht nur Film und Video: Filmtheoretiker Dennis Eick[78] zitiert eine Statistik, derzufolge sich auch das Leseverhalten in den letzten Jahren fundamental gewandelt hat und man zusehends von einem fragmentierten Lesen sprechen muss: Immer mehr Menschen lesen mehrere Bücher gleichzeitig oder ein Buch in kleinen Portionen über lange Zeit hinweg oder überfliegen gar nur einige Seiten. Manche sehen deshalb schon das nächste Zeitalter des Fortsetzungsromans gekommen: „Fast jeder, der mir zu *Exponentialdrift* schrieb, beklagte sich darüber, nur so ein kurzes Stück Text zu lesen zu kriegen und dann wieder eine Woche warten zu müssen"[79], beschreibt Autor Andreas Eschbach seine Erfahrungen, mit dieser neuen Art zu publizieren.

Das Publikum von *YouTube*, *Vimeo* oder *Zeega* wird man so bald nicht wieder vor den Fernseher locken können. Video über Internet anzusehen, hat sich zweifelsohne durchgesetzt und eine Generation, die gewohnt ist, Inhalte dann zu sehen, wann sie möchte, und so zu sehen, wie sie es möchte, ist wohl auch eine Generation, die für die etablierten Medien endgültig verloren ist: „Rund ein Fünftel aller deutschen Onliner nutzt heute VoD-Angebote, für die kommenden Jahre prognostiziert Goldmedia dem Abomodell SVoD ein jährliches Wachstum um 50 Prozent. Parallelstrategien für lineare und nonlineare Angebote werden zum notwendigen Rüstzeug der TV-Macher. Von globalen VoD-Giganten wie Netflix oder Amazon zu lernen, kann dafür durchaus lohnend sein. Sie haben 2014 rund 3 Milliarden Dollar (Netflix) bzw. zwischen 1,5 und 2 Milliarden Dollar (Amazon) in ihre Inhalte investiert."[80]

Henry Blodget,[81] CEO und Herausgeber von *Business Insider*, hat 2012 die Entwicklung der Printmedien höchst eindrucksvoll nachgezeichnet und sie mit dem Fernsehen verglichen: So wie Leser lange vor dem endgültigen Zusammenbruch der Printmedien aufhörten, Zeitungen zu lesen und stattdessen begannen, online einzelne Artikel zu lesen, so sehen die Menschen heute zeitversetzt einzelne Sendungen. Aber sie konsumieren längst nicht mehr die begleitende Werbung, für deren Sendezeit Marken teuer bezahlt haben, und sie kümmern sich nicht mehr um das Programm, das Sendeverantwortliche in langen Redaktionssitzungen sorgfältig konzipiert haben.

Das Dokumentarfilmpublikum bildet hier keine Ausnahme – eher im Gegenteil. Einer Studie der Medienberaterinnen Maria De Rosa und Marilyn Burgess aus dem Jahr 2014[82] zufolge zählen mittlerweile etwas mehr als 43 Prozent des Publikums von Dokumentarfilmen zu den sogenannten *Connected Super Users*[83] – ein junges, technikaffines Publikum, das begeistert Computerspiele spielt, Bücher und Zeitungen bevorzugt via Tablet liest und Angebote wie *Netflix* und *iTunes* intensiv nutzt. Diese stellen nicht nur die jüngste Gruppe des Dokumentarfilmpublikums, sie sehen Dokumentarfilme oft zu Hause und nutzen die verschiedenen Onlineangebote auch am intensivsten. Die Dokumentarfilme, die im Fernsehen nicht mehr gesendet werden, sieht man nun eben online.

Zwar stellen nach wie vor die älteren Mediennutzer das traditionelle Dokumentarfilmpublikum, jedoch holen Jüngere seit einigen Jahren massiv auf: Sie sehen heute mehr Dokumentarfilme als noch vor drei Jahren und würden nach eigener Aussage[84] gerne noch mehr Filme sehen, doch es fehlt immer noch an Plattformen, die die Angebote vernetzen und an Suchmaschinen, die es erlauben würden, alle Anbieter zugleich zu durchsuchen. Dafür – ebenso wie für eine gut kuratierte Auswahl, die Dokumentarfilme unkompliziert und in den gewünschten Sprachen und Formaten verfügbar macht – wäre man auch bereit zu zahlen. Immerhin zahlen 36 Prozent der befragten Personen schon jetzt für Onlineangebote – meist in Form von Abos, aber auch für Pay-per-View-Dienste.

2013 hatten alle Streamingdienste zusammen immerhin schon 20 Millionen zahlende Kunden – doppelt so viele wie 2012.[85]

C Mediennutzung im Wandel

Die etablierten Rollen von Sendern und VoD-Anbietern verschwimmen zusehends. Sender müssen umdenken und ihre Rollen neu definieren, wenn sie sich auf dem Markt behaupten wollen: Tom Koch von PBS bringt es auf den Punkt: „European broadcasters still think of themselves as TV broadcasters. Long ago, PBS started to consider itself as an ‚intormation disseminator', looking for many different ways to spread information."[86]

Wie ein Ausweg aus dem Dilemma der Fernsehsender aussehen könnte, zeigt sich auch am Beispiel von HBO und dem Boom der amerikanischen Fernsehserien.[87] HBO als Pay-TV-Anbieter ist weniger abhängig von der Einschaltquote als Sender, deren Budget von Werbekunden stammt, und kann sich darum auf Kundenbindung sowie Bildung und Ausbau einer attraktiven Markenidentität konzentrieren – Themen, die infolge der aktuellen Situation für Medienproduzenten und Vertreiber gleichermaßen wichtig sind. Die Entwicklung von Serien ist dafür ein mehr als taugliches Instrument: Sie binden das Publikum an den Sender, bringen, wenn sie erfolgreich sind, hohe Lizenzgebühren sowie Geld aus dem Verkauf von DVDs, Apps und anderen Merchandisingprodukten. Und HBO hat sich mit innovativen Erzählformen, kontroversen Themen und gewagten Sujets weit über sein eigentliches Empfangsgebiet hinaus als verlässlich Marke etabliert: „It's not TV. It's HBO", wie der Slogan passenderweise lautet.

Medienproduzenten müssen also zur Marke werden um ihre Inhalte erfolgreich anbieten zu können.[88]

Für Produzenten ist es oft nicht leicht, sich in dieser neuen Rolle einzufinden: plötzlich nicht nur einen Ansprechpartner in Sachen Budget zu haben, sondern mehrere. Oder gar eine Crowdfunding-Kampagne entwickeln zu müssen. Nicht nur ein (kleines) Filmteam zu koordinieren, sondern womöglich auch noch die Grafik oder Programmierung einer Webpage bedenken zu müssen, eine Dramaturgie gemeinsam mit Spieleentwicklern zu konstruieren, eine Vertriebskampagne aktiv mitzugestalten und sich (womöglich auch noch live) mit dem Publikum auseinandersetzen – die Anforderungen an Medienmacher sind andere geworden, als es die an Filmemacher waren.

Auf der anderen Seite aber sind Marken immer mehr daran interessiert, ihre Werbebotschaften als Geschichten zu verkaufen – McDonalds *Writer*[89] oder die Balletttänzerin[90] sowie die taube Geigerin[91] von Pantene sind dafür gelungene Beispiele.

RUSSISCHER WERBECLIP FÜR PANTENE
» www.perm.ly/web04

C Mediennutzung im Wandel

C1 SMART-TV, MULTISCREEN UND DIE KONVERGENZ DER GERÄTE

Die Sender suchen seit einiger Zeit Antworten auf die Herausforderungen ihrer Zeit. Einerseits, indem sie den Second Screen zu bespielen versuchen, der die Aufmerksamkeit ihrer Nutzer von ihrem Programm abzieht, und andererseits, indem sie das Internet mit all seinen interaktiven Möglichkeiten durch Connected-TV bzw. Smart-TV in das Fernsehgerät integrieren. Während das klassische Fernsehen 60 Jahren lang die Menschen mit einem vorgefertigten Menü versorgte, versuchen die Sendungsverantwortlichen nun endlich, ihrem Publikum die gewünschte Sendung zur gewünschten Zeit auf dem gewünschte Gerät zugänglich zu machen.

Fernsehen war zwar immer auch ein Begleitmedium, eine Bügel- und Lernhilfe. Doch nun wird es zunehmend zum Hintergrundgeräusch anderer Medien. Es muss sich das rare Gut Aufmerksamkeit immer häufiger mit anderen Medien teilen: 72 Prozent der Jugendlichen nutzen einer Studie zufolge regelmäßig[93] ihr Handy bzw. Smartphone, während sie fernsehen, und 65 Prozent surfen während des Fernsehens regelmäßig im Internet.

Viele trans- und crossmedialen Angebote von Sendern rund um ihre Produktionen dienen dazu, die Zuseher, die sich parallel zur Sendung ohnehin schon mit einem zweiten Screen im Internet befinden,

> **DER ZWEITE BILDSCHIRM GEHÖRT IN VIELEN HAUSHALTEN INZWISCHEN ZUM FERNSEHSETTING WIE DIE FERNBEDIENUNG.**[92]
>
> MICHAEL WÖRMANN, GESCHÄFTSFÜHRER FACIT DIGITAL

dort wenigstens zu den eigenen Inhalte zu locken.[94] Der Second Screen ist mittlerweile auch ins Visier der Smart-TV-Entwickler gerückt: Man versucht den Second Screen als Quelle für Werbeeinnahmen zu nutzen. Mithilfe sendungsbegleitender Apps werden die Zuseher zu Votings und Kommentaren animiert und mit Werbeeinblendungen und E-Commerce-Angeboten konfrontiert.

Auf der anderen Seite versuchen die Sender, alle Dienste innerhalb eines Smart-TVs abzudecken. Smart-TVs sind Fernsehgeräte, die über eine Internetverbindung verfügen, mit Festplatten, Chipsätzen und Betriebssystemen ausgestattet sind, oft auch noch mit Kamera und Mikrofon – im Grunde eine Mischung von PC und klassischem Fernseher, ein Gerät, in dem klassisch lineares Fernsehen nur noch eines von vielen Angeboten darstellt und das mittels HbbTV bald auch das gesamte Angebot des Internets auf dem TV-Bildschirm verfügbar macht. Diese Funktionen können auch mithilfe von Zusatzgeräten wie Set-Top-Boxen, internetfähigen Blu-Ray-Playern oder Spielkonsolen genutzt werden.

Smart-TVs eignen sich als Anzeigegerät für Fotos und Videos, machen VoD und Mediatheken zugänglich und verfügen über App Stores, die praktische Dinge wie etwa YouTube Leanback zugänglich machen. Sie sind außerdem als High-End-Bestandteil einer Gerätefamilie gedacht, bei der Nutzerprofile und Inhalte von verschiedenen Geräten aus zugänglich sind und ein Film auf einem Gerät begonnen und auf einem anderen weitergesehen werden kann.

Die Durchsetzung von Smart-TV dauert freilich deutlich länger als prognostiziert und die Nutzung stellt für einen großen Teil des Fernsehpublikums noch eine Herausforderung dar: Von den ca. 11 Prozent der deutschen TV-Haushalte, die über ein Smart-TV verfügen, nutzen bis dato nur etwa die Hälfte auch dessen Funktionen.[95]

Da die Replacementrate bei Fernsehgeräten mit 6,9 Jahren auch deutlich über der etwa eines Mobiltelefons liegt, wird es bis zur Etablierung der Smart-TV-Funktionen wohl noch einige Zeit dauern. Zudem ist für viele User auch der Mehrwert bestimmter Funktionen nicht nachvollziehbar.[96]

Denn der zunehmenden **Konvergenz der Geräte** steht eine zunehmende Spezialisierung ihrer Verwendung gegenüber:

Die meisten Anwender trennen in ihrer Nutzung mittlerweile klar zwischen First und Second Screen, wobei dem großen Bildschirm eher die Lean-Back-Dienste wie lineares Fernsehen, VoD, Mediatheken oder Musikdienste zukommen und dem kleinen Bildschirm die interaktiven Anwendungen zugeordnet werden. Smartphones kommen unterwegs zum Einsatz, Tablets als Second Screen neben dem TV zuhause oder zum Update bei der Arbeit.

Auch wenn Smart-TV Apps wie Facebook anbietet, werden diese – ebenso wie der offene Browser – nicht genutzt: Dafür erscheinen den meisten Usern ihre Tablets, Smartphones und Computer durchwegs viel geeigneter.[97] Auch bestimmte Inhalte werden längst nicht mehr im Fernsehen gesucht, sondern im Internet. Und das sind nicht unbedingt die Inhalte, die man erwarten würde: „Gefragt, wo lokale Nachrichten gesucht würden, wurde von fast allen

1 Smart-TV, Multiscreen und die Konvergenz der Geräte

Studienteilnehmern das offene Web genannt ... Die meisten Probanden wussten nicht, auf welchen Sendeplätzen lokale Sender zu finden waren und mussten lange danach suchen."[98]

Auch ist längst nicht entschieden, welche Betriebssysteme sich durchsetzen werden – große Hersteller versuchen eigene, geschlossene Systeme zu etablieren, dagegen haben sich kleinere Hersteller zusammengeschlossen und versuchen eine Standarisierung durchzusetzen. Die Gefahr neuer Gatekeeper, die den Zugang zu Inhalten beeinflussen und kontrollieren können, ist jedenfalls nicht von der Hand zu weisen. Wer dies sein wird, ist noch nicht klar, denn der Markt ist noch jung und vielfältig. Gerätehersteller, Entwickler und Inhalteanbieter kämpfen noch um die Vorherrschaft und wie dieser Kampf ausgehen wird, lässt sich zurzeit nicht sagen. Ebenso wenig ist abzusehen, wie jene Konzerne agieren werden, die den Mobiltelefonmarkt dominieren.[99]

Da herkömmliches Fernsehen an Werbeeinnahmen gebunden ist und Commercials im Umfeld prominenter Inhalte gezeigt werden, stellt Smart-TV allerdings auch ein Problem für dieses Geschäftsmodell dar – ein Grund, warum einerseits Sender wie BBC, die von Werbeeinnahmen unabhängig sind, und andererseits Sender wie Arte, deren Zuseheranteil an sich schon gering ist, hier Vorreiter sind. Denn auch wenn auf Smart-TV neue Werbemöglichkeiten getestet werden wie *Overlay Ads* und *Power Up Ads*, so sind diese einerseits keine Einnahmequelle für die Programmbetreiber, da sie den Portalbetreibern zugute kommen, andererseits erreichen sie noch nicht annähernd so viele Werbekunden, wie sie mit Werbeblöcken im linearen TV erreicht werden können.

Doch letztlich müssen sich auch die Sender – ebenso wie diverse ehemalige Printmedien –, mehr darauf konzentrieren, sich als *Content Producer* zu definieren und nicht bloß als Fernsehsender; schließlich geht es für User immer weniger darum, wo sie die für sie interessanten Inhalte finden, solange sie ihnen zur gewünschten Zeit in der gewünschten Qualität zur Verfügung stehen.

DIE WEBDOKU

D1   **67**
Digitalisierung und Vernetzung

D2   **70**
Das Jahrhundert der Webdoku

D3   **78**
Transmedia und Crossmedia

D4   **82**
Computerspiele und Dokumentarfilm

D5   **87**
Multimedia-Reportagen und die Hybridisierung der Medien

D Die Webdoku

Die unterschiedlichen Entwicklungen der letzten Jahre – der Einbruch des klassischen und die Entstehung eines neuen Medienmarktes, die Demokratisierung der Produktionsmittel, die Prekarisierung der Medienberufe sowie die besondere Stellung des Dokumentarfilms zwischen Unterfinanzierung einerseits und großem Festivalinteresse andererseits hat Medienmacher nicht unbeeindruckt gelassen. Vor diesem Hintergrund hat sich in den letzten Jahren ein neues Genre entwickelt – die Webdoku oder der interaktive Dokumentarfilm. Zwei ihrer führenden Theoretikerinnen, Judith Aston und Sandra Gaudenzi, definieren sie pragmatisch als „any project that starts with an intention to document the ‚real' and that does so by using digital interactive technology."[101] Und Dayna Galloway definiert sie in ebenso klaren Worten als „any documentary that uses interactivity as a core part of its delivery mechanism."[102]

Der Ort der Webdoku ist das Internet, ihre Plattform kann überall sein, ihre Struktur ist nonlinear und ihre Dramaturgie setzt auf Interaktivität. Und obwohl sie cineastisch sein sollte – also ein filmisches Erlebnis ermöglichen sollte –, muss sie nicht unbedingt Film sein: Sie kann auf Daten basieren oder auf Fotos, auf Texten oder Audiofiles – oder auch all diese Medien in unterschiedlichen Anteilen enthalten. Sie ist transmedial, manchmal crossmedial, jedenfalls digital und multimedial. Sie ist immer verfügbar, unterliegt keinen Länder- und Regionalcodes und kann in genau der Länge und genau dem Format produziert werden, das der Geschichte entspricht, die erzählt werden soll, und dem Publikum, das man erreichen möchte.

Während lineare Dokumentarfilme kognitive Teilnahme erfordern, verlangen Webdokus zusätzlich physische Interaktion – zumindest einen Klick, der die Geschichte weiterführt; und während beim Dokumentarfilm die Rolle des Autors meist klar bei der Regie und beim Schnitt liegt, ist sie bei der Webdoku etwas diffuser angelegt und ernennt oft auch das Publikum zum Koautor.[103] Die Webdoku erforscht einerseits neue Plattformen für das Erzählen nonfiktionaler Geschichten und entdeckt andererseits die

> **I'M LOOKING AT WAYS OF BRINGING TOGETHER TELEVISION WITH WEB, TELEVISION WITH REAL LIFE OR ANY COMBINATION OF THE ABOVE.**[100]
>
> ADAM GEE, INTERACTIVE MEDIA PRODUCER

Rolle des Geschichtenerzählens neu und interpretiert sie oft als ein Welten-Schaffen.

Für den Multimedia-Forscher Arnau Gifreu-Castells[104] haben Webdokus mittlerweile die Welt nicht nur beeinflusst, sondern auch ein Stück weit verändert: Filme werden anders produziert, vertrieben und präsentiert, und nicht zuletzt geht das Publikum anders mit dem Medium um. Ihm zufolge lässt sich über Film längst nicht mehr isoliert sprechen: Film könne nur noch in Beziehung zu den neuen Medien verstanden werden.

Webdokus haben sich im mittlerweile zweiten Jahrzehnt ihres Bestehens zwar weitgehend etabliert. Was genau sie aber für unser dokumentarisches Erzählen bedeuten und was genau wir mit all diesen neuen Möglichkeiten anfangen können, lässt sich immer noch nicht wirklich abschätzen: „Nobody really knows what to make of webdocs or how to finance them exactly. Is it film? Is it journalism? Is it new media art? Is it web content? All this means is that you have a lot of extra doors to knock on and a lot of extra work trying to find the right people, funds, festivals, broadcasters and production companies to collaborate with", meint etwa Caspar Sonnen.[105]

D1 DIGITALISIERUNG UND VERNETZUNG

Die technischen Voraussetzungen der Webdoku

Am Beginn der Webdoku stehen Digitalisierung und Vernetzung, die Möglichkeit, beliebige Datenmengen verlustfrei speichern und kopieren und auf diese Daten von überall aus zugreifen zu können. Die eigentliche Revolution kam aber, als sich das Internet von einer Ansammlung statischer HTML-Seiten weiterentwickelte und zeitgleich der Zugang zum Internet unkomplizierter und damit immer noch populärer wurde. Die erhöhten Bandbreiten ermöglichen schließlich ab Mitte der 1990er-Jahre die Übertragung größerer Datenmengen und nun konnten Filme erstmals ohne allzu große Qualitätseinbußen angesehen werden.

Wie durch jedes neue Medium entwickelten sich durch das Internet und durch die ihm eigenen Möglichkeiten eine neue Form und Ästhetik des Geschichtenerzählens. Im Internet sind erstmals Text, Audio und Video vereint und zeitgleich global verfügbar. Durch seine Struktur und seine ursprünglich auf Wissensvermittlung gezielte Ausrichtung ist das Internet zudem per se ein nonlineares Medium, das durch die immer neue Zusammensetzung, Verknüpfung und Nutzung von Inhalten eine neue Art des Navigierens in Inhalten und damit wiederum des Erzählens durchgesetzt hat. Die aktive Teilnahme des Users ist Nutzungsvoraussetzung dieses Mediums und damit wurde erstmals in einem Massenmedium tatsächliche Interaktivität erreicht.

D Die Webdoku

Durch die Digitalisierung von ehemals analogen Medienprodukten verlieren diese ihre Trägermedien und werden als Content im Web verfügbar. Das führt nicht nur zu neuen Möglichkeiten des Vertriebs, sondern verändert auch die Beziehung der Nutzer zu diesen Produkten: Die rasante Verbreitung, Kommentierung und Umgestaltung von Ellen DeGeneres' Oscar-Selfie oder die unzähligen YouTube-Variationen von Psys *Gangnam Style* oder Pharrell Williams *Happy* mögen als Beispiele dienen für die mittlerweile selbstverständliche Aneignung digitaler Inhalte: Die Rezipienten werden zu Koautoren, sie sammeln, kombinieren und interpretieren die Dateien auf ihre Weise[107] – eine Technik, die auf eine stolze Tradition in Kunst (Dadaismus, Collage), Literatur (Cut-up-Technik von William Burroughs) und Musik (Rap, HipHop) zurückblicken kann und die nun eben auch für jeden User auf dem Gebiet des Videos möglich ist. Hier muss sich niemand an Sendervorgaben, Formate oder Normlängen halten. Hier können alle so erzählen, wie sie es für richtig halten. Der Schriftsteller Karl Olsberg stellt fest: „Heute bestimmen nicht mehr wenige Verlage, Musiklabels oder Fernsehsender, was angesagt ist. Jeder kann über Nacht zum Megastar werden. Damit werden die etablierten Machtstrukturen in Frage gestellt."[108]Man kann die erstellten Inhalte sofort publizieren und auf die Inhalte anderer auch sofort reagieren. Denn ein wesentlicher Unterschied zwischen alten und neuen Medien ist auch das direkte Feedback: Kommunikation ist keine Einbahnstraße mehr.

Kommunikation ist auch komplexer geworden: Nicholas Rombes[109] erinnert etwa daran, wie nonlineare Schnittprogramme mit ihrer Abwesenheit physischer Einheiten und der unmittelbaren Verfügbarkeit aller Dateien uns nicht nur für neue Erzählweisen von Zeit, sondern auch für eine neue Wahrnehmung von Zeit im Film empfänglich gemacht haben. Die Geschwindigkeit des Datenbankzugriffs ermöglichte ihmzufolge Filme wie *Memento* oder *Lola rennt* und macht uns zugänglich für Wiederholungen, Abweichungen und Varianten der Zeit. Im DVD-Menü von *Memento* gibt es z.B.

1 Digitalisierung und Vernetzung

> „Man konnte ein Stück Holz oder eine Geige nur zu dem veranlassen, was ihnen zu tun möglich war. In der digitalen Welt gibt es keine dinglichen Grenzen: Alles ist nur eine Frage der Speicherkapazität, der Prozessorgeschwindigkeit und der Kommunikations-Bandbreite. Die digitale Revolution vollendet die geistige Revolution … Heute haben wir keine dinglichen Barrieren mehr zwischen uns und der Idee."[106] (James Monaco, Filmkritiker)

ZITAT

die Möglichkeit, mit diesen Varianten der Abläufe – der empfundenen Zeit und der chronologischen Abfolge – zu spielen und die Szenen selbst anders anzuordnen.[110]
Für Sandra Gaudenzi folgt daraus: „If in the last century … documentary's purpose has shifted from representing to negotiating reality, interactive documentary is going one step further: the act of negotiation now implies direct participation … reality can now be co-created."[111]

D Die Webdoku

D2 DAS JAHRHUN- DERT DER WEBDOKU

Vom MIT Media Lab zu Prison Valley

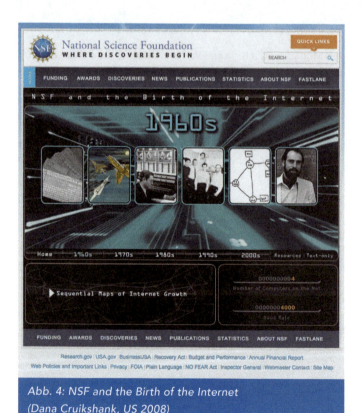

Abb. 4: NSF and the Birth of the Internet
(Dana Cruikshank, US 2008)

WE DESIGN STORIES FOR PEOPLE NOT FOR FORMATS.[112]

ZITAT

LIZ ROSENTHAL, MEDIENEXPERTIN

Die Anfänge interaktiven multimedialen Erzählens mittels neuer Medien finden wir in den Zusatzmaterialen von DVDs, den ersten Webseiten zu Filmen, in Schulungsmaterialien und Musik-CD-Roms sowie in den Forschungszentren des MIT Media Lab und des Apple Multimedia Lab. Aber schon in den 1960er-Jahren arbeiteten Filmemacher und Medienkünstler wie John Whitney und Jordan Belson mit Großrechnern, um abstrakte Bilder für ihre Filme zu erzeugen[113], und verbanden so Film und Medienkunst.

Parallel dazu schritt die Vernetzung weiter voran und es beschleunigte sich die Entwicklung der Datenbanken:[114] Roger Summit entwickelte 1965 für Lockheed *Dialog* die erste große kommerzielle Datenbank, die als erster Onlineservice extern verfügbar gemacht wurde; 1969 ging *Arpanet* online, das dezentrale Netzwerk, das Netzwerk der Netzwerke, aus dem später das Internet hervorging, und 1973 *Lexis*, die erste professionelle Datenbank, die eine ganze juristische Bibliothek verfügbar machte.

In Frankreich ging mit Minitel 1985 ein dezentrales Netzwerk in Betrieb, das viele der wesentlichen Bestandteile heutiger Social-Networking-Strukturen vorwegnahm – nicht zuletzt den Chat, das „Echtzeit-Äquivalent der altmodischen schriftlichen Korrespondenz"[115], wie es James Monaco so charmant formuliert.

Glorianna Davenport hat mit ihrer Forschung am MIT Media Lab wesentlich zur Entwicklung der Webdoku beigetragen.[116] Sie begann dort in den 1980er-Jahren mit Multimedia-Filmen zu experimentieren

D Die Webdoku

und entwickelte das Konzept der *Evolving Documentary* sowie den Browser *ConText*, der unkomplizierte Datenbanknutzung für Autoren und User ermöglichte:[117] „New digital technologies can support evolving collections of media elements which are stored and accessed non-linearly. A growing body of research looks at the problem of how video should be indexed. Research areas include automatic parsing and matching, as well as human supported annotation activity. Once an author or logger has attached descriptors to a set of media elements, these materials can be retrieved according to simple or complex directed queries", beschreibt sie die Möglichkeiten dieses Datenbankzugangs.

Zwischen 1978 und 1980 entwickelte das MIT mit der *Aspen Interactive Movie Map*[118] einen interaktiven Film über Aspen, dessen einzelne Clips, wie später die Bilder bei GoogleMaps, mithilfe einer auf einem Auto montierten Kamera aufgenommen wurden. Die Filme wurden in eine Datenbank eingespeist und mit einem zweidimensionalen Plan kombiniert. Was als einer der Vorreiter der Webdoku gilt, war als Trainingsprogramm für das Militär entwickelt worden und sollte es diesem ermöglichen, einen Ort kennenzulernen, bevor es an ihm kämpfen musste.

Aufgrund der hohen Erfordernisse an Speicherkapazität, Bandbreite und Prozessorgeschwindigkeit für die Darstellung bewegter Bilder dauerte es von der Entwicklung der CD-ROM im Jahr 1985 bis zu den ersten marktfähigen Multimediaprodukten noch knapp zehn Jahre. Erst mit den neuen Komprimierungstechniken, die zur Entwicklung von MPEG führten, sowie Apples Software QuickTime, die plattformunabhängig gleichbleibende Qualität gewährleistete, konnte sich Multimedia in großem Maßstab durchsetzen.

Von 1987 bis 1992 wurde im Apple Multimedia Lab mit den neuen Möglichkeiten der Computertechnologie experimentiert – zu Beginn mit Videodiscs, dank QuickTime dann auch mit CD-ROMs. Durch die zunehmende Popularität des Internets brach allerdings der Markt für CD-ROMs ein. Entwickelt wurde damals unter anderem ein weiterer Vorreiter der Webdoku, *Moss Landing*,[119] ein 1989 realisiertes Projekt, das zur Erforschung der kalifornischen Kleinstadt gleichen Namens einlädt. Die Videoclips des Projekts wurden in eine Datenbank eingespeist und über Hotspots, die mit Hyperlinks versehen waren, miteinander verbunden.

Als einer der Pioniere der Multimediagestaltung kann auch das Software-Unternehmen *Voyager Company* (1989–2000) mit ihren interaktiven Musik-CD-ROMS gelten. Sie hat 1989 mit Robert Winters CD *Companion to Beethoven's Ninth* eines der ersten rein kommerziellen Multimediaprojekte herausgegeben und verantwortete 1993 die QuickTime-Multimediaversion des Beatles-Films *A Hard Day's Night*.[120]

Im pädagogischen Bereich wurde versucht, mit interaktiven DVDs und CD-ROMs neue Wege in der Wissensvermittlung einzuschlagen, indem Informationen mit spielerischen Elementen zu Lernspielen kombiniert wurden. Man wollte relevante Inhalte mithilfe eben jener Eigenschaften vermitteln, die auch Videospiele so attraktiv machen: dem Gefühl, mitgestalten zu können, der Möglichkeit, Entdeckungen zu machen und Aufgaben zu bewältigen und so von Level zu Level aufzusteigen.

Auch der französische Autor und Filmemacher Chris Marker hatte schon früh mit verschiedenen Medien experimentiert und gehört mit seiner 1996 für das Centre Pompidou produzierten CD-ROM *Immemory* zu den Vorreitern interaktiven Erzählens.

Ab der Jahrtausendwende setzt schließlich endgültig das Zeitalter der Webdoku ein: Zwischen 1997 und 2000 begann in Deutschland Florian Thalhofer[121] mit seinen nonlinearen Korsakow-Filmen zu experimentieren, 2002 wurde im Rahmen des Festivals *Cinema de Reél* im Centre Pompidou erstmals der Begriff *webdocumentary* verwendet, 2004 publizierte die Kanadierin Katerina Cizek *Filmmaker in residence*[122] und 2005 brachte die französische Produktionsfirma Upian,[123] die bis heute mit ihren Arbeiten das Genre mitdefiniert, mit *La Cité des Mortes: Ciudad Juarez*[124] eine der ersten „wirklichen"

D Die Webdoku

Webdokus heraus – eine Webdoku, die an die über 400 Frauen erinnert, die in Ciudad Juares seit 1993 ermordet wurden.

2007 schließlich erschien mit *Thanatorama* eine weitere Webdoku der französischen Produktionsfirma Upian, die bis heute Maßstäbe setzt in Sachen Immersion: Unter dem Motto „You're dead, do you want to know what happens next?" wird der User von Beginn an direkt in die Geschichte der Doku hineingezogen und zum Akteur einer *First Person Experience* über den eigenen Tod und dem, was danach kommt.

Ende 2007 gründete Jean-Luc Marty *Geo Webreportage* und etablierte damit eine neue Art, die Reportagen des Magazins zu präsentieren. 2008 werden mit *Gaza/Sderot* und *Voyage au bout de charbon* zwei weitere bahnbrechende Projekte veröffentlicht und 2010 schließlich gilt als das Jahr, das die Webdoku endgültig etabliert hat: *Prison Valley* erschien, eine gamifizierte Webdoku, die als Mischung von *First Person Adventure* und Reportage den Wirtschaftssektor Strafvollzug in Colorado untersucht. Diese Webdoku hat – mit einem Film, einem Buch, einer iPhone-App sowie einer Ausstellung – die Möglichkeiten eines konsequenten und wohl durchdachten crossmedialen Ansatzes aufgezeigt.

Was all diesen Projekten gemeinsam ist, ist ein bewusste Konzentration auf die Geschichte, auf das Storytelling und auf das Publikum – eine Antwort auf den Umbruch des Medienmarktes, die eine Rückbesinnung auf die eigentlichen Ziele des dokumentarischen Erzählens darstellt: „For me transmedia is to take a step back from thinking about formats and the structures that follow them, and focus on what do I want to tell, what do I want to achieve and for whom? … In its best form it represents freedom on how we tell, produce, finance and distribute our projects", formuliert es die skandinavische Produzentin Anna J. Ljungmark[125].

Unabhängig von Formaten, Sendeplätzen, Einschaltquoten oder gestalterischen Klischees können Filmemacher plötzlich wieder pure Geschichten erzählen und damit nicht nur ein größeres Publikum erreichen als jemals zuvor, sondern mit diesem Publikum, das sie in ihre Projekte einbeziehen können, auch noch direkt kommunizieren. Das Internet verlängert so nicht nur das Leben eines Filmprojekts – es ist im besten Fall jederzeit und für immer abrufbar und verschwindet nicht mehr nach langer mühevoller Arbeit in den Archiven eines Senders, es lebt weiter und ist auf immer unterschiedliche Weise für unterschiedliche Menschen erlebbar. Es gebiert auch völlig neue Geschichten und Erlebnisse: „It's in pure continuity with how technology has been formed, reformed and hijacked through the years, and more specifically, at certain points of revolution in the genre. I'm curious to see how one technology can tell a story and fit with a subject. It's really about fitting form and content together — for example, with *Insomnia*, you received a phone call in the middle of the night, and you need to give away part of your night to experience it. That's part of it, and you don't do that with film, you don't receive a phone call to go into the movie theater", beschreibt es Hugues Sweeney vom NFB Canada.[126]

In *Moments of Innovation*[127], einer vom *MIT Open Documentary Lab* und dem *IDFA DocLab* publizierten Webdoku über die Ursprünge der Webdoku, führt William Uricchio die Webdoku auf die Kombination von Elementen wie Immersion, Interaktivität, Remix, Location und Teilhabe zurück. Und tatsächlich scheint es, als wären hier viele auf den ersten Blick ganz unterschiedliche Strömungen des Medienschaffens zusammengeflossen: das Bewusstsein für den Ort und die Community, in der ein Medienmacher und sein Publikum verwurzelt sind, ein eklektisches Verständnis von Medien, die Begeisterung, sich Gefundenes anzueignen und neu zu interpretieren, das Bedürfnis, mit anderen zu interagieren, die Möglichkeiten der Datenvisualisierung mit dem zu neuem Leben erweckten Kurzfilm. Webdoku ist all das und führt damit zu etwas völlig Neuem.

Und ähnlich wie schon in der Geschichte des Films sind es auch in der Geschichte der Webdoku wieder Kanada und Frankreich, die durch eine besonders lebendige Szene und besondere

D Die Webdoku

Experimentierfreudigkeit von sich reden machten. Die Szene profitiert in beiden Ländern von einer aufgeschlossenen und für innovative Projekte offenen Förderpolitik sowie von Fernsehsendern und Printmedien, die mit diesen kooperieren: „You need institutions to invest in innovative fields that don't have solid business models yet for people to start producing content. You can observe a similar – or even stronger – phenomenon in Canada. Public institutions (like the National Film Board of Canada, Canada Media Fund and regional funds) have invested in web productions and, thus, producers have multiplied and it has become one of the main actors in the world of transmedia"[128], beschreiben die Produzenten der französischen Produktionsfirma Upian in einem Interview die Situation. Es bedarf in jedem Fall einer gemeinsamen Anstrengung von Förderstellen, Vertriebskanälen und Autoren, um jene kreative Dynamik entstehen zu lassen, wie sie etwa in Kanada rund um das National Film Board herrscht. Dazu gehören nicht nur die Bereitschaft der Sender, innovative Konzepte auszuprobieren und das Interesse der Förderstellen an neuen Formaten, dazu gehören auch Fördergelder. Die französische Regierung stellt etwa im Zeitraum 2012 bis 2016 750.000,- EUR[129] für zehn Webdokus zur Verfügung und sowohl das CNC (Centre national du cinéma et de l'image animée) als auch die französischen Förderinstitutionen unterstützen diese Projekte. So können auch außergewöhnliche und riskante Projekte entstehen wie etwa die Webdoku *Le jeu des 1.000 histoires* über eine französische Radiosendung, die zu einem Portrait des französischen Landlebens wird.

In den letzten Jahren entstanden aber auch in den USA, in England oder den Niederlanden regelmäßig spannende Projekte, die sich ebenfalls auf ein entsprechendes Umfeld verlassen können: In den USA etwa hat sich die New York Times als Plattform für interaktives Erzählen etabliert, so entstand etwa eine Kooperation mit Katerina Cizek und dem NFB für *A Short History of the Highrise* und mit Elaine McMillion wurde eine ShortDoc-Variante von *Hollow* publiziert.

Dank zahlreicher Kongresse im Rahmen von Dokumentarfilmfestivals wie dem Sheffield Doc/Fest, dem Tribeca Film Festival und des IDFA DocLabs sowie des Engagements des MIT Open Documentary Labs und der i-Docs gibt es mittlerweile auch umfangreiche Online-Vereichnisse von Webdokus und eine lebendige Community.
Der deutschsprachige Raum spielt – trotz einiger interessanter und international erfolgreicher Produzenten und Gestalter wie Lena Thiele, der Produktionsfirma Gebrüder Beetz oder dem Erfinder des Korsakow-Films Florian Thalhofer – in der Entwicklung der Webdoku bis heute nur eine eher untergeordnete Rolle. Auch 2012 kamen laut Alexander Knetig, dem Multimedia-Verantwortlichen von Arte, nur 2 Prozent aller Nutzer von Artes Webdokus aus Deutschland: 90 Prozent der User wählten die französische, 8 Prozent die englische und nur 2 Prozent die deutsche Fassung einer Arte-Webdoku[130].
Doch auch in Deutschland tut sich mittlerweile einiges: Webdokus sind auf den Dokumentarfilmfestivals von Kassel und Leipzig vertreten, die DOK Leipzig bietet ein Pitching-Forum für Webdoku-Projekte an, die Buchmesse Frankfurt beschäftigt sich mit interaktivem Erzählen, das Medieninnovationszentrum Babelsberg[131] und das Medienboard Berlin-Brandenburg[132] fördern interaktive Projekte und in Berlin gibt es regelmäßige Webdoku-Stammtische und Hackathons.[133]

D Die Webdoku

D3 TRANSMEDIA UND CROSSMEDIA

Eine crossmediale Geschichte wird über mehrere Plattformen und Medien hinweg erzählt, die einzelnen Teile funktionieren jedoch auch unabhängig voneinander – die Geschichte wird quasi immer vollständig erzählt. Eine transmediale Geschichte wird gleich einer Schnitzeljagd über mehrere Medien hinweg erzählt – die User müssen alle Teile zusammenfügen, erst dann ergibt sich die vollständige Geschichte, eine Geschichtenwelt gewissermaßen.
Beide Erzählvarianten haben sich in den letzten Jahren immer mehr verbreitet.[135]
Ursprünglich waren trans- und crossmediale Techniken primär als Marketingstrategie gedacht, um die Präsenz in mehreren Kanälen zu garantieren und um in verschiedenen Medien auf je unterschiedliche Weise präsent zu sein. Man konnte (und kann) auch Verluste in einem Bereich mit Gewinnen in einem anderen ausgleichen, denn crossmediale Projekte erreichen ein größeres Publikum und verfügen daher über zusätzliche Erlösmöglichkeiten: „Der Markt ist so unglaublich fragmentiert, und die Sehgewohnheiten haben sich in den letzten fünf Jahren allein derart stark verändert, dass es beinahe unmöglich ist, auf einer Plattform allein Erfolg zu haben", stellt Crossmedia-Experte Thomas Rigler fest.[136]
Man wollte die User, die Fernsehen nur noch zur Hintergrundberieselung verwenden, über Angebote im Second Screen ansprechen und so wieder zurückholen: Man kann User im Internet auf ein Fernsehangebot aufmerksam machen und umgekehrt, kann dem Publikum verschiedene Möglichkeiten bieten, sich an einer Geschichte

ZITAT

DAS ERZÄHLEN ÜBER MEHRERE PLATTFORMEN IST FÜR AUTOREN EINE CHANCE, NEUE SACHEN ZU MACHEN, ZU EXPERIMENTIEREN. ES IST FÜR SENDER UND WIRTSCHAFT UND WERBUNG DIE MÖGLICHKEIT, VIEL DICHTER AN DIE ZUSCHAUER ZU KOMMEN, DIE DANN USER SIND UND DIE MARKE VIEL BESSER ZU PLATZIEREN.[134]

OLIVER HOHENGARTEN, AUTOR

D Die Webdoku

zu beteiligen oder auch einfach ein Format in ein anderes hinein verlängern. Die Möglichkeiten sind umfangreich und gerade für Dokumentarfilmer sind sie oft besonders attraktiv.

Insbesondere für soziale Projekte eignen sich ein transmedialer oder ein crossmedialer Zugang. *Girl Rising*[137] etwa ist eine Initiative zur Unterstützung der Schulbildung von Mädchen in Entwicklungsländern. Neben verschiedenen Projekten (Schulungsvideos, Lehrplänen) gibt es auch einen in vielen Sendern gezeigten Dokumentarfilm, der die Aufmerksamkeit für das Anliegen der Initiative verstärkt.

Auch Dokumentarfilme, die vielleicht nicht für eine Umsetzung als Webdoku geeignet wären, die aber doch mehr mitteilen möchten, als in 90 Filmminuten möglich ist, sind mit einer crossmedialen Strategie gut beraten: *Der österreichische Dokumentarfilm Everyday Rebellion wird von einer Webplattform begleitet, auf der* die Strategien des künstlerischen Widerstands, von denen der Film erzählt, weiterverfolgt werden können.

Aber auch für andere Themenbereiche bietet sich dieser Zugang an, wie Frank Baloch vom ZDF beschreibt: „Zu *Terra X: Universum der Ozeane* mit Frank Schätzing haben wir eine Unterwasserwelt programmieren lassen, in der die Nutzer als Meeresschildkröte oder als Thunfisch die zahlreichen Gefahren, mit denen wir Menschen den Lebensraum bedrohen, quasi am eigenen Leib erfahren können."[138]

Und der Musiksender MTV war nicht nur ein Vorreiter in Bezug auf den direkten Kontakt zum Publikum, sondern auch im Umgang mit Transmedia. Lauren Lazin, Filmemacherin, Produzentin und Formatentwicklerin bei MTV, erzählt: „Certainly all our shows are supported on a lot of different media. And that, to me, is great. It's like a bonus feature on a DVD. Especially with a documentary, where you're so caught up with the characters and what happened to them that you want to know more about the world they're in."[139]

Eine der im trans- und crossmedialen Bereich aktivsten Produktionsfirmen in Deutschland ist die Gebrüder Beetz Filmproduktion. Sie hat verstanden, dass Geschichten unterschiedlich erzählt werden müssen, wenn sie an ein jeweils anderes Zielpublikum adressiert sind. Sie wendet sich etwa mit ihrer Serie *Culture Files*[140], einer Auseinandersetzung mit Europas kulturellem Erbe, gezielt an ein junges Publikum und hat auch ihren Medienauftritt entsprechend geplant. Eine Fernsehserie über große Persönlichkeiten der Kulturgeschichte wie Richard Wagner, Ludwig van Beethoven, Heinrich Kleist oder Zarah Leander wird begleitet von einer App sowie einem Comicbuch.

Medienübergreifendes Erzählen – ursprünglich eine Marketingstrategie – wurde mit der Zeit zu einer Technik des Erzählens. Der Reiz liegt für Medienproduzentin Anita Ondine auch darin, dass es Geschichtenerzählen wieder zu einem sozialen Erlebnis macht[141]: Geschichten können wieder geteilt, kommentiert und genutzt werden.

D Die Webdoku

D4 COMPUTERSPIELE UND DOKUMENTARFILM

Computerspiele ziehen ein immer größeres Publikum an und ihr Umsatz hat schon vor einiger Zeit den der Filmindustrie überholt – der bis dato erfolgreichste Start eines Produkts der Unterhaltungsindustrie in Deutschland war *FIFA 11*, das am ersten Verkaufswochenende 450.000 Stück verkaufte und damit einen Umsatz von über 26 Mio. Euro erzielte. Es war damit erfolgreicher als jeder Kinofilm, jede DVD, CD oder Blu-ray.
Grand Theft Auto 5 generierte bei seinem Markteintritt schon nach drei Tagen einen Umsatz von mehr als einer Milliarde USD[143] – mehr als jeder Kinofilm und jedes Spiel davor. Bis dato wurden 45 Millionen Exemplare ausgeliefert. Insgesamt setzt die Spieleindustrie jährlich weltweit 68 Milliarden Euro um.[144]
Auch wenn man die Umsätze beiseitelässt und den Medienkonsum an sich ansieht, sind Games längst im Mainstream angekommen: 59 Prozent der Amerikaner spielen Computerspiele, das sind knapp 186 Million Spieler, 68 Prozent der Amerikaner, etwa 214 Millionen, gehen ins Kino, knapp 100 Millionen haben Kabelfernsehen und ganze 33 Millionen ein Netflix-Abo.[145]
Die Wahrnehmung der Spieler in den Mainstream-Medien hat sich der Realität aber noch nicht angepasst: Spieler gelten immer noch als Nerds und ihre Industrie wird in den Mainstream-Medien weitgehend ignoriert.[146] Dabei sind es längst nicht mehr nur Kinder, die

> **WIR SIND DOCH NICHT MEHR ALLZU WEIT VON DEM PUNKT ENTFERNT, AN DEM WIR ALLE GAMER SIND, SO WIE WIR ALLE MAL FERNSEHZUSCHAUER WAREN.**[142]

ZITAT

GUNDOLF FREYERMUTH, MEDIENWISSENSCHAFTLER

Computerspiele spielen – das Durchschnittsalter der Computerspieler beträgt 30 Jahre. Computerspiele sind auch unter dem Aspekt der grafischen Umsetzung längst eine fixe Größe. Spiele haben sich in ebenso unterschiedliche Genres ausdifferenziert wie die Filmindustrie[147] und das Spektrum reicht von Daddelspielen für zwischendurch über Actionspiele bis zu Serious Games, die aufklären und unterhalten, informieren und inspirieren wollen.

Verkehrsbüros, Universitäten, Schulen, NGOs und auch das Militär haben das Potential und die Wichtigkeit von Spielen für ihre Zwecke längst erkannt. Bildung, Werbung und Information sind die naheliegenden, logischen und ursprünglichen Anwendungsgebiete für die multimediale und interaktive Aufbereitung komplexer Inhalte.

Und genau in diesem Bereich treffen sich auch Dokumentarfilm und Computerspiel. „People need play, and the potential of gaming

D Die Webdoku

combined with social interchange media is huge. The question is, can games change unsatisfying reality?", fragt Al Gore etwa[148] beim Festival *Games for Change*.

Und es scheint, dass Spiele tatsächlich Wirklichkeit verändern können. Das jährliche Festival[149] *Games for Change* in New York City ist einer der wichtigsten Treffpunkte von sozial engagierten Spiele-Programmierern, Designern und Dokumentarfilmern. Eine der besonders ambitionierten und erfolgreichen Produktionen, die daraus hervorgegangen ist, ist *Half the Sky*.[150]

Dieses transmediale Projekt über die Unterdrückung von Frauen, hat nicht nur den Anspruch zu informieren, sondern bietet auch konkrete Hilfe zur Selbsthilfe. Es basiert auf dem gleichnamigen Buch von Nicholas Kristof und Sheryl WuDunn und besteht aus einer Dokumentarfilm-Serie, die in den USA ausgestrahlt wurde und als DVD erhältlich ist, einem Facebook-Spiel, mobilen Spielen sowie Informationsmaterial für den Unterricht und versucht so unter dem Motto *Turning Oppression into Opportunity* Menschen zu informieren und zu engagieren. Wie erfolgreich dieser Versuch ist, zeigt sich daran, dass in den ersten sechs Monaten schon mehr als 1,3 Millionen Spieler für die Teilnahme an der Facebook-Version gewonnen werden konnten und mehr als 500.000 USD an Spenden- und Fördergeldern für das Projekt akquiriert wurden.

Ein weiteres Beispiel für die Kraft von Spielen, wenn es darum geht, komplexe Inhalte zu verdeutlichen, ist das Onlinegame *The Migrant Trail*.[151] Dieses Spiel bietet als ein Teil des transmedialen Projekts *The Undocumented*[152] die Möglichkeit, die amerikanisch-mexikanische Grenze einerseits als Flüchtling oder andererseits als Vertreter der US Border Patrol zu erleben.

Dokumentarfilmer zwingt das Nachdenken über Spiele dazu, sich die Präsentation von Inhalten neu zu überlegen, wie Alice Myatt von der *Media Arts Division* des *National Endowment for the Arts*[153] meint. Für viele Filmemacher bedeutet dies eine Befreiung – für die Gestalter von Webdokus ist es eine Notwendigkeit.

4 Computerspiele und Dokumentarfilm

Es gibt mittlerweile zahlreiche Beispiele für den Zwischenbereich von Dokumentarfilm und Computerspiel, für Doku Games oder sehr gamifizierte Dokus[154]: Spieler werden über politische Zusammenhänge informiert (*Darfur is Dying*[155] über die Darfur-Krise im Sudan), Faktenwissen wird vermittelt, etwa in Newsgames (*Cuthroat Capitalism*,[156] das einen in die Rolle eines somalischen Piraten schlüpfen lässt, der versucht, mithilfe von Geiseln Geld zu erpressen) oder in Form von Serious Games wie *Menschen auf der Flucht* oder *Inside Disaster*[157].

Ein besonders gelungenes Beispiel für die Möglichkeiten von dokumentarischen Computerspielen aus der jüngeren Zeit ist *Type:Rider*,[158] eine ebenso spannende wie grafisch ansprechende Reise durch die Geschichte der Typografie. An *Type:Rider* zeigt sich auch die enge Verzahnung von Webdoku und Game: *Type:Rider* wurde von Arte mitproduziert und existiert als interaktive Installation, als Computerspiel und als Facebook Level Designer. Hier können User selbst Level gestalten und publizieren und die von anderen Communitymitgliedern gestalteten einsehen und bewerten.

Abb. 5: *Type:Rider (Théo le du Fuentes, FR 2013)*

D Die Webdoku

Ob Spiele parallel zu Dokumentarfilmen als Bestandteil einer crossmedialen Strategie herausgegeben werden, wie in der ZDF-Produktion *Conquest of the Seven Seas 360°*[159] über die ersten Weltumseglungen, oder ob das spielerische Element direkt in die Webdoku eingebunden wird wie etwa in *Prison Valley*: Die Verbindung von dokumentarischem Inhalt und Spiel hat Erfolg. Anhand von *Prison Valley* lässt sich eindrucksvoll der Effekt der Gamifizierung zeigen: Seit dem Launch der Website haben etwa 400.000 Menschen die Webdoku gesehen und die durchschnittliche Verweildauer auf der Seite beträgt pro Sitzung angeblich eine Stunde[160] – was deutlich über der durchschnittlichen Verweildauer auf Webseiten liegt und auch weit über der durchschnittlichen Verweildauer auf YouTube.[161]

D5 MULTIMEDIA-REPORTAGEN UND DIE HYBRIDISIERUNG DER MEDIEN

Man spricht von einer doppelten Hybridisierung,[163] mit der wir zurzeit konfrontiert sind: Hybridisierung zwischen Audiovisuellem (hier: dem Dokumentarfilm) und Interaktion (den Interactive Digital Media), zwischen Information und Unterhaltung. Damit sind wir im Zentrum einer zweifachen Revolution: Durch die digitale Revolution hat sich die Art verändert, wie wir Daten sammeln, speichern und auswerten, durch das Internet die Art, wie wir Inhalte verbreiten, uns vernetzen und immer mehr auch, wie wir unsere Projekte finanzieren.[164]
Insbesondere das junge Publikum kann durch konventionelle Medien kaum mehr angesprochen werden. Jugendzeitschriften sind kurz vor dem Kollaps – einige haben in den letzten fünf Jahren fast 80 Prozent ihrer Auflage eingebüßt[165] – und das Fernsehen kann Jugendliche bekanntlich auch kaum mehr begeistern:[166] Es gilt weder als moderne noch als zuverlässige Informationsquelle, Fernsehen ist für Jugendliche primär ein Unterhaltungsmedium, das zwar noch genutzt wird, dem aber immer weniger Zeit und Aufmerksamkeit gewidmet wird; die Jugendlichen verbringen mehr Zeit im Internet als vor dem Fernseher und nur noch 16 Prozent von ihnen mögen ihren Fernseher so sehr, dass sie ihn auch auf die einsame Insel mitnehmen würden – aber 70 Prozent würden nicht auf das Internet verzichten wollen[167].

D Die Webdoku

Nicht nur der Dokumentarfilmmarkt ist großen Veränderungen unterworfen, die gesamte Medienbranche befindet sich seit der Verbreitung des Internets im Umbruch. Insbesondere in den letzten Jahren hat sich die Mediennutzung massiv verändert. Allein die Anzahl an Tageszeitungen ist in Deutschland zwischen 1992 und 2012 von 426 auf 333 zurückgegangen und ihre Auflage von 22,6 Mio. im Jahr 2003 auf 18,4 Mio. im Jahr 2012 gesunken.[168]

Es sei mittlerweile sogar schwieriger, eine Tageszeitung zu definieren als eine Webdoku[169], meinte Caspar Sonnen vom IDFA DocLab einmal bei einem Vortrag. Einige Printmedien versuchen den schwindenden Abonnentenzahlen ihrer Printausgaben, den einbrechenden Anzeigenverkäufen und der unsicheren Position im Internet durch spannendere Angebote zu begegnen. Sie sind natürlich alle in den sozialen Netzwerken vertreten. Und sie versuchen sich in neuen Formen der Berichterstattung: Kaum ein Internetauftritt einer größeren Zeitung kommt ohne Diashows, Videoblogs oder Podcasts aus.

Und neuerdings gibt es auch immer öfter die Multimedia-Reportage – quasi die Magazinvariante der Webdoku: eine meist aufwendig recherchierte und produzierte, anspruchsvoll fotografierte interaktive Reportage.

Im schlechtesten Fall handelt es sich bei einer Multimedia-Reportage um eine Art textlastige Diashow – viel Text, in Kapitel unterteilt, die man abscrollen oder durchklicken kann, manchmal ein paar schlampig gefilmte Videos, viele Grafiken, Fotos und Links eingebaut, schlecht konzipiertes *Scrollytelling* oder Diashows für Freunde, die den privaten Rahmen besser nicht hätten verlassen sollen.

Im besten Fall aber entstehen Reportagen, die ihre Inhalte perfekt visualisieren, die ihr Publikum fesseln und zur Lektüre, zum Nachdenken und Reflektieren anregen und die mit gut gemachten Webdokus und Serious Games einiges gemeinsam haben.

Die ersten Plattformen, die speziell für dieses Format entwickelt wurden, kamen aus der Fotografie; *Magnum in Motion*[170] gehört dazu,

> **MAN MUSS KOOPERIEREN. UM GEGENEINANDER ZU ARBEITEN, IST DIESER MARKT EINFACH ZU KLEIN.**[162]
>
> ALEXANDER KNETIG, CHEFREDAKTEUR VON ARTE CREATIVE

ZITAT

ebenso wie *Mediastorm*[171], mittlerweile eine der renommiertesten Plattformen (und Produktionsfirmen) im Graubereich zwischen Multimedia-Reportage und Webdoku. Beide Plattformen legen nach wie vor sehr viel Wert auf ausdrucksstarke Fotografie und haben anspruchsvolle Visualisierung auch in ihren Webdokus umgesetzt. *Machines for Life*[172] war eines der ersten erfolgreichen Beispiele für diese neue Form der Berichterstattung außerhalb des Rahmens professioneller Fotografen. Das elegante Multimedia-Stück über die französische Elektroband *Daft Punk* ist ein gutes Beispiel für eine besonders gelungene Multimedia-Reportage: Die perfekte Einheit aus Layout und Inhalt, keine überflüssigen Gimmicks, aber gutes Grafikdesign, viel Style und guter Text machen die Lektüre zu einem Vergnügen.

Auch die viel kopierte Multimedia-Reportage der New York Times aus dem Jahr 2009, *One in 8 Million*, die das Leben von 54 der acht Millionen New Yorker durch Fotos, Videos und Audiofiles zeigt, gilt zu Recht als Klassiker des Genres – und gilt vielen eigentlich auch schon als Webdoku.

Mit der spektakulären Reportage *Snow Fall: The Avalanche at Tunnel Creek*[173] – einer atemberaubenden Multimedia-Reportage über

D Die Webdoku

eine Gruppe Skifahrer und Snowboarder, die in eine Lawine gerieten – hat die New York Times im Dezember 2012 schließlich ein neues Zeitalter des Onlinejournalismus eingeläutet. Seither gibt es eine Zeit vor und eine Zeit nach *Snow Fall*: Mit dieser Geschichte hat die New York Times nicht nur Maßstäbe gesetzt, was Erfolg und Qualität betrifft, sie hat die Multimedia-Reportage auch für die Konkurrenten unwiderstehlich gemacht. Die New York Times hat längst einen eigenen Bereich innerhalb ihres Internetauftritts für Multimediaprojekte bereitgestellt, produziert Kurzdokumentarfilme und kooperiert auch mit diversen Webdokugestaltern.

Auch deutschsprachige Medien sind auf den Zug aufgesprungen und haben einige ambitionierte Projekte umgesetzt: *Spiegel Online* publizierte eine große Multimedia-Reportage zu Europas tödlichen Grenzen,[174] die Süddeutsche Zeitung produzierte *Unser Osten* und *Zeit Online* beschäftigte sich in *Willkommen in Deutschland* mit Erstaufnahme-Einrichtungen für Flüchtlinge sowie mit Sinti in Hamburg in *Emils Ring*. Auch *Arabellion*[175] von der Rhein-Zeitung ist ein gelungenes Beispiel für die Möglichkeiten des Genres.

Noch klagt man mancherorts darüber,[176] dass Multimedia-Reportagen zu kompliziert in der Handhabung seien, unbequem zu konsumieren und oft voll überflüssiger technischer Spielereien. Auch wenn diese Kritik zum Teil berechtigt ist, kann man doch davon ausgehen, dass dies nur eine Phase ihrer Entwicklung ist und dass sich künftig sowohl die Zugänglichkeit als auch die adäquate Verwendung verbessern werden.

Und in jedem Fall muss man festhalten, dass diese Entwicklung in die richtige Richtung geht: Endlich werden die Möglichkeiten des Internets genutzt, um zu erzählen, nicht nur um Daten und Inhalte aus der Offline-Welt ins Netz zu stellen, wie dies bis dato geschah, als Print- oder TV-Journalismus noch einfach ins Internet verlängert wurden.

NSA Files: Decoded, eine Multimedia-Reportage des „Guardian" über Edward Snowden und die Überwachungspraktiken der NSA, ist eines jener immer häufigeren Zwischenformate zwischen Reportage

5 Multimedia-Reportagen und die Hybridisierung der Medien

und Webdoku. Der Beitrag ist zwar noch immer mehr Reportage als Webdoku, aber mit den sprechenden Köpfen, die den sprechenden Zeitungen und Gemälden bei Harry Potter nachempfunden scheinen, bewegt es sich doch in eine neue Richtung.

Und mit Navigationsmethoden wie dem *parallax Scrolling* – einer Navigationstechnik, die aus der Spielewelt entlehnt ist und fliessende Übergänge sowie die Illusion von Tiefe erzeugt – nähert man sich auch in der Fluidität den cinematischeren Wedokus an – *Hollow* mit seinen vielen Fotos, historischen Dokumenten, Kurzfilmen und dem parallax Scrolling sieht wie die perfekte Mischung von Multimedia-Reportage und Webdoku aus.

Für Webdoku-Gestalter ist diese Entwicklung insofern besonders interessant, als sich die Medien einander immer mehr annähern und Kooperationen zwischen Print/Onlinemedien und Fernsehredaktionen häufiger werden. Themen können so übergreifend bearbeitet und auch finanziert werden. Die Süddeutsche Zeitung kooperiert für ihre Plattform 360°[177] etwa mit ARD-Weltspiegel, um multimediale Produktionen wie *Trauern verboten*[178] umzusetzen, die sich dem 25. Jahrestag des Massakers von Tiananmen widmet, und mit Arte, um das Webdoku-Game *Fort McMoney* zu präsentieren.

Die Ergebnisse sind meist noch nicht vergleichbar mit *Grands Formats*[179] der französischen Le Monde oder der Webdoku[180] des Guardian über den 1. Weltkrieg oder gar *Firestorm*[181], einer hervorragenden Reportage über einen Buschbrand in Australien, oder auch den Angeboten der *New York Times*, und oft handelt es sich bei den Projekten noch um schlichte Scrollytelling-Formate, aber die Richtung stimmt allemal.

STICHWORTE ZUR PRODUKTION EINER WEBDOKU

E1 **96**
Themenfindung & Teambildung

E2 **102**
Technik: Werkzeuge für den Bau einer Webdoku

E3 **106**
Marketing und die neue Rolle des Publikums

E4 **112**
Finanzierung

E Stichworte zur Produktion einer Webdoku

Bei der Produktion einer Webdoku sind Filmemacher mit vielen ungewohnten Herausforderungen konfrontiert: Es gibt weder eingespielte Teams, wie man sie von der linearen Filmproduktion kennt (die klassische Rollenverteilung: Regie, Kamera, Ton, Schnitt; beim EB-Team: Kamera und Technik), noch einen tradierten Workflow mit einer klaren Abfolge von Entwicklungsstadien (Vorproduktion, Produktion, Postproduktion), und noch viel weniger gibt es ein etabliertes Finanzierungsmodell oder Verwertungsschema, auf das man zurückgreifen könnte.

Für die Produktion einer Webdoku benötigt man andere – und oft auch mehr – Mitarbeiter und muss sich auch auf eine andere Zeitplanung einlassen. Aspekte, die üblicherweise der Postproduktion zugeordnet werden, wie die Gestaltung der Homepage oder das Marketing, stehen hier oft schon am Anfang. Und man muss in Bezug auf Finanzierung und Vertrieb neue Wege ausprobieren.

Die Filmemacher und Theoretiker Andre Almeida und Heitor Alvelos haben 2010 mit ihrem Text *An Interactive Documentary Manifesto*[183] erstmals einige Grundlagen herausgearbeitet, die bei der Produktion einer Webdoku zu beachten sind, und versuchten so, das Feld abzustecken. Sie haben damit eine gute Grundlage geschaffen, sich über die speziellen Anforderungen bei der Produktion von Webdokus klar zu werden.

Als grundsätzlich notwendige Bausteine einer Webdoku machen sie unter anderem fest: einen Full Screen Approach, um Immersion und Engagement zu gewährleisten. Audio muss ein Schlüsselelement der Webdoku sein und eine sehr bewusste Themenauswahl ist ebenso unumgänglich: Das bloße Adaptieren eines eigentlich linearen Dokumentarfilms auf ein Webprojekt ist fast nie von Erfolg gekrönt. Und was die Navigation betrifft, sollte auf Einfachheit und Universalität geachtet werden.

> **NEW TECHNOLOGIES ARE NO THREAT BUT HOPE FOR JOURNALISM. WE JUST HAVE TO FIGURE OUT HOW TO USE THEM.**[182]

CHARLES HOMANS, JOURNALIST

E Stichworte zur Produktion einer Webdoku

E1 THEMENFINDUNG & TEAMBILDUNG

Das richtige Thema zu finden und dieses mit der richtigen Dosis an Interaktivität sowie einem logischen Interface zu verbinden (der Plan des Naturschutzgebietes in *Bear 71*[185], einer Webdoku über das Leben eines Bären im *Banff National Park* etwa, oder die Timeline in *I Love Your Work*[186], einer Webdoku über den Alltag von Frauen, die in der Pornoindustrie arbeiten,) sind entscheidende Faktoren für den Erfolg einer Webdoku beim Publikum.

Bei einer Webdoku sind oft andere Aspekte wichtig als bei einem linearen Dokumentarfilm. Und damit rücken auch andere Teammitglieder in den Vordergrund. Während etwa Sounddesign im Dokumentarfilm meist nicht von großer Bedeutung ist und im Internet bis dato sträflich vernachlässigt wurde, ist es in der Webdoku von großer Wichtigkeit für Dramaturgie und Atmosphäre. Da Webdokus meist alleine vor dem Computer konsumiert werden, ist Sounddesign hier so wichtig wie für einen Spielfilm und kann zum ausschlaggebenden Kriterium ihres Funktionierens werden: „Audio is the key to good multimedia. We look for powerful visuals and audio to start the narrative arc", meint etwa der amerikanische Webdoku Producer Brian Storm,[187] Gründer von Mediastorm. Und eines der Erfolgsgeheimnisse der Produktion *Hollow*, um die es in diesem Kapitel noch ausführlicher gehen wird, ist sicher der wunderbare von Sounddesigner Billy Wirasnik gestaltete Sound. Billy Wirasnik ist ein erfahrener Sounddesigner für Videospiele, Werbung und Dokumentarfilm, der für seine Arbeiten einige Preise gewonnen hat, und diese Erfahrung macht sich in *Hollow* bezahlt.

> **DAS, WAS IMMER NOCH ALLE EINT, IST DIE LUST AUF GESCHICHTEN. ABER DER EINE WILL SICH DAZU EINEN KINOFILM ANSEHEN, DER ANDERE DAS ÜBER FACEBOOK ERLEBEN UND EIN ANDERER WIEDERUM DAS GANZE IN EINEM SPIEL ERLEBEN.[184]**
>
> OLIVER HOHENGARTEN, AUTOR

Auch anhand der Webdoku *A Journal of Insomnia* über Schlaflosigkeit zeigt sich deutlich, wie wichtig das Sounddesign gerade hier für die Gesamterfahrung ist.

Naheliegenderweise gehören auch Programmierer und Webdesigner zu den wichtigsten Mitgliedern eines Webdoku-Teams. „Programmers are gold", wird Porter Fox, der Gründer des Tablet-Magazins *Nowhere Mag*[188], zitiert[189]. Webdokus können nicht als simple Homepage mit Video konzipiert werden, sondern müssen eine

E Stichworte zur Produktion einer Webdoku

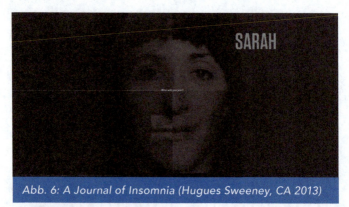

Abb. 6: A Journal of Insomnia (Hugues Sweeney, CA 2013)

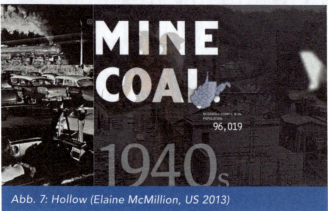

Abb. 7: Hollow (Elaine McMillion, US 2013)

filmische Schnittstelle in der Geschichte darstellen. Deshalb sollten Programmierer und Designer von Beginn der Produktion an in die Projektentwicklung miteinbezogen werden. Insbesondere die Gestaltung des Interface ist von großer Bedeutung für den Erfolg einer Webdoku. Das Interface wird zu einem Teil der Geschichte, seine Bedienung muss für den User intuitiv sein: „Besides being aesthetically pleasing and user-friendly (which helps), a cinematic Interface becomes the story", meint Caspar Sonnen[190] vom IDFA DocLab.

1 Themenfindung & Teambildung

Für Sonnen entspricht die Bedeutung des Interface in der Webdoku der der Kamera oder des Schnitts im klassischen Dokumentarfilm; das Interface zieht den User in die Geschichte hinein, macht neugierig, überrascht und treibt die Geschichte voran.

Auch mit der Steuerung einer Webdoku gibt es zahlreiche Möglichkeiten, aus der Webdoku eine ganz besondere Erfahrung zu machen, die von der Maus über den Touchscreen, die Tastatur, die Audioeingabe, das GPS-Gerät, das Mikrofon und sogar bis zum Pulsdetektor reichen können.

Immer gilt es, die Technik den Erfordernissen der Geschichte und den Möglichkeiten des Zielpublikums anzupassen. Für ein Projekt wie *Hollow*, in das sich auch Bewohner einer ländlichen Region in den USA immer wieder aktiv einbringen sollen, bedeutet dies zum Beispiel, möglichst nicht auf große Bandbreiten angewiesen zu sein, da einem großen Teil des Publikums keine optimale Internetverbindung zur Verfügung steht.

Entsprechend muss man auch bedenken, auf welchen Betriebssystemen und Browsern eine Webdoku funktioniert, wie man sie auf Tablets oder Smartphones anbieten kann oder wie man sie in größerem Rahmen präsentieren könnte.

Der technische Aspekt ist jedenfalls nicht zu unterschätzen: für *Firestorm* brauchte es pro Video drei Versionen und einen auf JavaScript basierenden Bandbreiten-Detektor, um zu gewährleisten, dass Usern die jeweils optimale Version angezeigt wird.[191]

Um die Kooperation zwischen Designern, Programmierern und Autoren zu fördern, gibt es immer mehr Veranstaltungen, die ein Zusammentreffen fördern und auch eine erste Zusammenarbeit ermöglichen. Hackathons wie die *Tribecahacks*[192] oder neuerdings jene in Berlin[193] oder in Leipzig im Rahmen der DOK Leipzig[194] sind eine gute Möglichkeit, einander kennenzulernen. Im Rahmen von Hackathons finden Techniker, Designer und Autoren zueinander und konzipieren innerhalb kurzer Zeit ein gemeinsames Projekt, das dann vor einer Jury präsentiert wird. Die Idee stammt aus der Gaming-Szene und hat sich auch für

Webdokus bewährt. Es können rasch und unkompliziert Kontakte geknüpft und es kann auch sofort die Zusammenarbeit erprobt werden. Wie eine gelungene Projektentwicklung aussehen kann, beschreibt das Team der Webdoku *Hollow* im Rahmen eines vom Tribeca Film Institute geleiteten Google Hangouts[195].

Hollow, eine Webdoku von Elaine McMillion aus dem Jahr 2013, handelt von McDowell County, West Virginia, einer typischen Kleinstadt-Community in der amerikanischen Provinz. Nach einem raschen Aufschwung befindet sie sich nun seit den 1960er-Jahren im kontinuierlichen Niedergang: hohe Arbeitslosigkeit, Drogenprobleme, Armut und eine massiv schrumpfende Bevölkerung – von 100.000 auf nur noch 20.000 Menschen – bestimmen den Alltag einer Gemeinschaft, die trotz allem versucht, das Beste aus ihrem Leben und ihrer Heimat zu machen. *Hollow* versucht hinter die negativen Schlagzeilen zu sehen, die die Berichterstattung über die amerikanische Provinz dominieren, und die Community-Mitglieder zu Wort kommen zu lassen. *Hollow* ist eine Webdoku über Wirtschaftsaufschwung und Niedergang und über die Menschen, die versuchen, in einer solchen Situation weiterzuleben und ihre Gemeinschaft zu unterstützen. Nicht nur in den USA gibt es zahlreiche Regionen, die in einer ähnlichen Situation sind. Besonders gelungen ist bei dieser Webdoku die Einbindung zahlreicher unterschiedlicher Medien (Fotos und Videoclips von Community-Mitgliedern, Archivbilder, professionelles Filmmaterial, Daten) auf einer eleganten HTML5-Seite, die mittels Parallax Scrolling flüssig zu erkunden ist. Die Navigation funktioniert intuitiv und es lässt sich problemlos zwischen den einzelnen Ebenen wechseln.

Hollow gelingt es, Nähe zu den Protagonisten herzustellen und zugleich die Entwicklung der Community in einen größeren Kontext zu stellen. Die Webdoku wurde zudem aber auch ein Anker für die Community, von der sie handelt.

Hier passt einfach alles: Die Autorin Elaine McMillion kennt das Thema aus eigener Erfahrung, da sie aus dem Gebiet stammt. Und obwohl es sich bei *Hollow* um ihre erste Webdoku handelt, verfügt

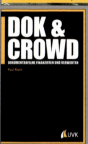

Das nächste Buch gibt's gratis!*

* **Rezensieren Sie dieses Buch auf amazon.de und erhalten Sie Ihr nächstes UVK-Fachbuch kostenlos.**

So funktioniert's:
www.uvk.de/kundenrezensionen

Bleiben Sie auf dem Laufenden!

Wir informieren Sie kostenlos per Newsletter oder Prospekt über aktuelle Neuerscheinungen.

Jetzt anmelden:
www.uvk.de/uptodate

1 Themenfindung & Teambildung

McMillion über langjährige Erfahrung als Dokumentarfilmerin und hat ausgezeichnete Partner zur technischen Umsetzung gefunden. Die interaktive Struktur wurde bewusst gewählt: Während ein linearer Dokumentarfilm notgedrungen immer ein Ende hat, war *Hollow* von Beginn an auch als Plattform für die Community gedacht, und so sollte es eine Möglichkeit geben, neue Daten einzufügen, neue Beiträge einzubinden und das Projekt weiterhin am Leben zu erhalten.
Eine Entwicklungsfinanzierung wurde mittels Crowdfunding gewährleistet, später kamen Fonds und diverse Koproduktionspartner an Bord. Schon vor der Crowdfunding-Kampagne hatte McMillion durch ihre Recherchen mittels Google Alerts eine erste feste Gemeinde von ca. 200 Interessierten aufgebaut, die sie an ihren künftigen Aktivitäten beteiligte.
Recherche-Interviews und Materialien für die Arbeit wurden u.a. im Rahmen von Workshops gedreht, die als Community Sommercamps angeboten wurden.
Um sich einen Überblick über den Markt sowie die erzählerischen Möglichkeiten des Formats zu verschaffen, haben die Gestalter, allen voran Entwickler Jeff Soyk, zahlreiche Webdokus gesichtet und analysiert.[196] Auch die eigene Site wurde im Vorfeld exakt geplant und aus präzisen Zeichnungen und Modellen umgesetzt, wodurch die endgültige Gestaltung vereinfacht wurde.
Eine der wesentlichen Erkenntnisse von McMillion war, dass auch der Prozess des Gestaltens einer nonlinearen Webdoku nonlinear ist und sich nicht so leicht in aufeinanderfolgende Etappen einteilen lässt wie bei einem linearen Film.
Social Media etwa sind ein integraler Bestandteil von Webdokus und müssen von Anfang an einbezogen werden – Followers und User können Produzenten und Gestalter von einem zum nächsten Projekt begleiten, können helfen, ein neues Projekt zu finanzieren und als Verstärker neues Publikum gewinnen. Genau dies war auch der Fall bei *Hollow*, dessen Unterstützer der Crowdfunding-Kampagne auch die Basis der Facebook-Fans bildeten, die den Film später weiterempfahlen.

E Stichworte zur Produktion einer Webdoku

E2 TECHNIK: WERKZEUGE FÜR DEN BAU EINER WEBDOKU

Die technischen Möglichkeiten, eine Webdoku oder einen interaktiven Dokumentarfilm zu programmieren, sind schier endlos. *Choose your own documentary* etwa ist ein interaktiver Live-Dokumentarfilm in 1566 Varianten. Dave Gorman und Sue Perkins erzählen darin, wie Dave Gorman in einem antiquarischen Buch den Tagebucheintrag des 15-jährigen früheren Besitzers findet und nun versucht, diesen ausfindig zu machen. Technisch basiert dies auf der Kombination von simplen Tools wie Power Point, Lesungen und einer Fernbedienung, um eine gemeinschaftliche interaktive Erfahrung ähnlich einer Performance zu vermitteln.

Andere Webdokus wurden mit dem Videoeditor *Popcorn Webmaker* entwickelt (*Happy World: Burma: The Dictatorship of the Absurde*) oder mit eigens programmiertem Suchmaschinenengineering (*We feel fine*), basieren auf Datenvisualisierung (*Out of Sight, Out of Mind*) oder beinhalten Animationen (*Last Hijack*).

Je nach Anforderungen kann man sich mittlerweile aber auch mit speziellen Tools behelfen, die ähnlich wie Videoschnittprogramme funktionieren und die die Konstruktion einer Webdoku auch ohne fundierte Programmier- und Designkenntnisse ermöglichen. Die meisten dieser Werkzeuge wurden ursprünglich für ein spezielles Projekt entwickelt und dann für einen größeren Markt adaptiert.

Zu den bekanntesten Programmen dieser Art zählen *Klynt*, *Korsakow* und der *Popcorn Webmaker*.

2 Technik: Werkzeuge für den Bau einer Webdoku

Abb. 8: Happy World: Burma, the dictatorship of the absurd (Tristan Mendès-France, Gaël Bordier, FR 2011)

Klynt[197] ist ein hochprofessionelles Programm, das von der französischen Produktionsfirma Honkytonk Films[198] entwickelt wurde und in drei unterschiedlich anspruchsvollen Varianten verkauft wird. Es richtete sich ursprünglich an Journalisten, Filmemacher und NGOs und wurde von Honkytonk Films für ihre eigene Produktion *Journey to the End of Coal* verwendet. Mittlerweile wird es weltweit für anspruchsvolle Webprojekte eingesetzt, unter anderem für die Webdoku *Les Catacombes*[199] über das Leben in den Katakomben von Paris. Auf der Homepage von Klynt finden sich zahlreiche weitere Anwendungsbeispiele.

Popcorn Webmaker[200] ist ein Online Tool, das das Mischen und Verlinken von Fotos, Videos und Audiofiles auf recht simple Weise ermöglicht. Die so erstellten Filme lassen sich leicht in andere Seiten einbinden. Regelmäßig finden eigene Hackathons, sogenannte Popathons[201] statt, die *webnative* Geschichtenerzähler zusammenbringen, um Popcorn-Movies zu kreieren und zu publizieren.

E Stichworte zur Produktion einer Webdoku

Korsakow[202] ist eine Open Source App für Windows und Mac und wurde 2000 von Florian Thalhofer für die Realisierung seiner eigenen Projekte entwickelt. Das Programm wird mittlerweile weltweit erfolgreich eingesetzt. Einen Überblick über einige der Arbeiten, die damit umgesetzt wurden, kann man im Showcase der Projekt-Homepage erhalten.

Leider nicht mehr aktualisierte Programme sind *3WDOC*[203] und *Storyplanet*[204]. Ersteres war ein effizientes Storytelling Tool auf HTML5-Basis, das bis 2013 aktiv war, letzteres wurde 2008 von Bjarke Myrthu, Co-Gründer von *Magnum In Motion*, gegründet und bestand bis 2013 als unentgeltliche Online-App. Einige Projekte, die damit realisiert wurden – wie etwa das berührende *The Enemy within* über russische Soldaten in Tschetschenien – sind immer noch über die Homepage Storyplanet.com[205] zugänglich. Der Nachfolger von Storyplanet ist aber schon angekündigt: Bjarke Myrthu arbeitet mit seinem Team an *Blind Spot*,[206] einer Software, die Interaktivität, Mobilität und spielerische Handhabbarkeit verbinden soll.

Daneben gibt es noch einige kleinere Tools, die sich auf spezielle Zielgruppen und Anwendungen fokussiert haben:

Tiki-Toki,[207] ist ein webbasiertes Tool mit Plattform für Projekte mit interaktiver Timeline, das sich gut für Biografien oder historische Ereignisse eignet. *Zeega*[208] ist ein leicht zu bedienendes Tool zur Produktion und Präsentation interaktiver Videos, mit dem man Medien aus einer Cloud mixen und verändern kann: „Transform the entire screen into your playground, and share your interactive creations with the world", lautet das selbstbewusste Motto. Zeega eignet sich gut für Mashups. *Vojo*[209] wurde vom MIT Center for Civic Media[210] entwickelt und eignet sich besonders für kollaborative Projekte. Es ermöglicht das Posten von Inhalten via Voice Mail, SMS oder MMS mit jedem Mobiltelefon, zusätzlich kann man Tags, Geocoding und Pläne verwenden – ein ideales Tool für Community-Projekte, auch mit Kollaborateuren in technisch weniger erschlossenen Gebieten.

2 Technik: Werkzeuge für den Bau einer Webdoku

Für die etwas bescheideneren Ansprüche der Multimedia-Reportage stehen noch weit mehr Tools zur Verfügung. Diese Werkzeuge bieten zwar nicht immer die komplexesten Anwendungsmöglichkeiten, können aber einen guten Einstieg in interaktives Design darstellen. Beispiele für entsprechende Tools sind etwa *Storehouse*,[211] eine App für das iPad, die gleichermaßen Tool wie Plattform ist und die unkomplizierte Gestaltung einfacher Multimediapräsentationen erlaubt. *Linius*,[212] eine vom BR entwickelte Software, funktioniert als Erweiterung von WordPress. Ein weiteres Beispiel ist das international erfolgreiche Programm *Creatavist*[213], mit dem unter anderem das Magazin *Atavist*[214] entwickelt wurde.

Das populärste Tool im deutschsprachigen Raum ist zurzeit *Pageflow*,[215] eine vom MDR entwickelte Open Source Software, die eine Art Multimedia-WordPress ist und unter anderen vom ZDF, rbb und WDR verwendet wird. Mit *Pageflow* wurde auch die mit dem Grimme-Preis 2014 prämierte WDR-Produktion *Pop auf'm Dorf* gestaltet.

E Stichworte zur Produktion einer Webdoku

E3 MARKETING UND DIE NEUE ROLLE DES PUBLIKUMS

Früher war die Beziehung zwischen Filmemachern, Autoren und Publikum noch etwas einfacher: „Das Publikum ist wie eine gewaltige Orgel, auf der du und ich spielen. In einem Augenblick spielen wir diese Note und bekommen diese Reaktion, und dann spielen wir jenen Akkord, und das Publikum reagiert auf jene Art. Und eines Tages werden wir noch nicht einmal dafür einen Film zu machen brauchen – in ihre Gehirne werden Elektroden eingepflanzt sein, und wir brauchen nur noch verschiedene Knöpfe zu drücken, und sie werden ‚oooh' und ‚aaah' machen, und wir werden ihnen einen Schrecken einjagen und sie zum Lachen bringen. Wird das nicht wunderbar sein?"[217], schildert Alfred Hitchcock die Macht des Filmemachers.

Auch wenn Kino-Blockbuster immer noch so funktionieren, wie Hitchcock es hier beschreibt, haben es Webdokus doch meist mit einem ganz anderen Publikum zu tun. Die Machtverhältnisse haben sich massiv zugunsten des Publikums verändert und auch passives Zurücklehnen ist zu einer Entscheidung geworden: „Der noch in den Fünfzigern und Sechzigern so hochgehaltene ‚Konsument' wich dem ‚User' der Achtziger und Neunziger. Der Konsument war passiver und pflichtbewusster Partner für die großen industriellen Produzenten der ersten Hälfte des zwanzigsten Jahrhunderts gewesen; der User sollte nun der aktive, unabhängige und fordernde

> **THERE HAS NEVER BEEN A NOISIER, MORE COMPETITIVE TIME TO TRY TO MAKE ART, ENTERTAIN PEOPLE, AND TELL STORIES.**[216]
>
> SCOTT KIRSNER, AUTOR UND JOURNALIST

Klient der Service-Anbieter des nächsten Jahrhunderts werden"[218], beschreibt Filmhistoriker James Monaco die Entwicklung.

In einer Zeit, in der es aufgrund des schier unüberschaubaren medialen Angebots so schwierig ist wie nie zuvor, die Aufmerksamkeit des Publikums zu erringen, scheint andererseits aufgrund der globalen Zugänglichkeit jedes noch so kleine und seltsame Thema seine Nische zu finden, wenn es nur richtig vermarktet wird.

Umso wichtiger ist deshalb ein bewusster Umgang mit Social Media – eine Facebook Page, die schon vorab über das neue Projekt berichtet, Twitter Feeds, die als Recherchetool und als Andockstelle für potentielle Fans dienen, eine Instagram-Seite, auf der Bilder von möglichen Drehorten publiziert und User eingeladen werden, selbst Fotos zu publizieren: *Audience Developing* gehört zu den Schlüsselqualitäten jeder Produktion.

Denn Filme – und Webdokus umso mehr – müssen längst nicht mehr bloß mit all den anderen Filmen, die zeitgleich auf den Markt gekommen sind oder zeitgleich auf einem anderen TV-Kanal laufen, konkurrieren. Sie müssen die Aufmerksamkeit eines Publikums erobern, das mithilfe von Online-Videotheken jederzeit Zugriff auf unzählige Filme hat, das freien Zugang zu jedweder Art von Information gewohnt ist, das sich alles aneignen kann und alles ausprobieren möchte. Und das sich in einem zunehmend fragmentierten Markt längst selbstständig gemacht hat. Allein zwischen 2006 und 2007 hat sich die Anzahl der VoD-Portale verdoppelt[219] und im Januar 2012 etwa wurden nur auf YouTube 60 Stunden Videomaterial pro Minute geladen und vier Milliarden Views pro Tag verzeichnet.[220]

Während vor wenigen Jahren noch die mangelnde Qualität der Inhalte der VoD-Anbieter beklagt wurde, haben sich diese mittlerweile nicht nur als bequeme Provider etabliert, sondern machen als ebenbürtige Mitspieler, die nicht nur den Vertrieb, sondern auch die Produktion maßgeblich beeinflussen, längst den Sendern und Produktionsfirmen Konkurrenz.

Und der User wurde zum Prosumer, er will auf andere Weise angesprochen werden als früher, er will auch als Teilnehmer ernst genommen werden, will mitgestalten und oft sogar mitfinanzieren, und je intensiver man ihn in eine Produktion einbindet, desto erfolgreicher können Projekte werden. Das Publikum wird zum Koautor bei kollaborativen Projekten wie *18 Days in Egypt* oder *The Johnny Cash Project*, es wird zum Koproduzenten und Finanzier durch Crowdfunding-Plattformen und zum Teil der Marketingstrategie durch Empfehlungen in Social Networks. Durch soziale Medien und Crowdfunding kann sich das Publikum, zeitgerecht einbezogen in die Entwicklung des Webprojekts, zum Mitstreiter, Werbeträger und Partner entwickeln.

Die deutsche Webdoku-Gestalterin Lena Thiele beschreibt in ihrem Text *Im Aufbruch*[221] die prototypische Mediennutzerin der Gegenwart: Ella hat ein Blog, zeigt ihre Fotos auf flickr, publiziert ihren ersten Roman auf Wattpad, informiert über Facebook ihre Freunde über die News, die sie gerade liest, und die Musik in ihrer Soundcloud. Mit ihrem Smartphone überträgt sie regelmäßig Fotos auf Instagram, tweetet sich durch den Nachmittag, lässt sich auf Foursquare verorten, verwaltet ihre Links auf delicious, ihren CV auf LinkedIn und ihre Videos auf ihrem YouTube Channel – Konsumentin, Kuratorin und Produzentin in einem.

Das Medienleben, ebenso wie große Teile des sozialen Lebens, spielt sich längst online ab. Kein Wunder, dass manche davon sprechen, dass das Internet als Universalmedium, das die Emulation sämtlicher bestehender Medien ermöglicht, einen Medienwandel hervorruft, der größer ist als die Erfindung des Buchdrucks oder der Cinematographie und dessen soziale, wirtschaftliche und kulturelle Folgen jedenfalls um einiges weiter reichen, als sich das bis dato ermessen lässt.[222]

Wenn man bedenkt, dass Ende 2012 über 1 Milliarde Smartphones weltweit in Verwendung waren, dass 2013 65 Prozent der US-Amerikaner in Besitz eines Smartphones waren und schon 2011 27 Prozent aller Fotos mittels Handykameras aufgenommen wurden; dass Facebook, Twitter und YouTube jeweils über 1 Milliarde Mitglieder haben, täglich 500 Millionen Tweets getwittert werden und auf LinkedIn 300 Millionen Profile gespeichert sind, erscheint Ella jedenfalls als genau die Bürgerin der Gegenwart, an die sich die durchschnittliche Marketingkampagne für eine interaktive Medienproduktion wendet. Sie verkörpert das medienaffine, urbane und konsum-orientierte Publikum, das man mit Webdokus erreichen möchte, sie ist die Zielperson des Marketings. Ihre Aufmerksamkeit gilt es zu erobern, ihr Bedürfnis nach Teilhabe zu befriedigen.

Contentmarketing, Beziehungsmanagement und Communitymanagement sind die Stichworte. Damit diese Aspekte gelingen, muss das Publikum möglichst frühzeitig angesprochen werden, weshalb mittlerweile Finanzierung, Produktion und Marketing zeitlich oft zusammenfallen. Marketing beginnt oft schon lange vor der Produktion und trägt im Zweifelsfall – etwa im Fall einer Crowdfunding-Kampagne, die das Produktionsbudget generieren soll – dazu bei, ein Projekt überhaupt umsetzen zu können. Und während es früher zwischen den Autoren und dem Publikum immer einen Vermittler in Form eines Fernsehsenders, einer Produktionsfirma, eines Studios oder einer PR-Agentur gab, ist es nun immer öfter so, dass für den Kontakt zum Publikum die Filmemacher direkt verantwortlich sind. *Immigrant Nation* etwa startete mit einer Facebook-Seite, um Geschichten von Immigranten zu sammeln und konnte dort schließlich 11.000 Followers gewinnen. Über diese Facebook-Seite wurden auch die Live-Events beworben.

Neben dem Social Media Marketing darf auch die klassische Pressearbeit nicht vergessen werden. Eine gut zugängliche und für Suchmaschinen optimierte Homepage mit einer Programmierung auch für mobile Endgeräte, ein Newsletter und ein Blog sind die Grundvoraussetzungen. Und Offenheit für mögliche Kooperationen kann nicht schaden: Für *Hollow* etwa ergab sich durch die Kooperation mit der New York Times ein Auftrag für deren Seite OpDoc, für die aus dem Material von *Hollow* ein Kurzdokumentarfilm geschnitten wurde.

Da der klassische Film-Vertriebsweg für Webdokus noch fehlt, müssen Filmemacher sich anderen Präsentationsformen öffnen. Und den Möglichkeiten sind keine Grenzen gesetzt: Webdokus werden auf Festivals als Live Screenings gezeigt, auf Universitäten im Rahmen von Vorträgen präsentiert, finden ihr Publikum als Installation in Ausstellungen oder über Apps: „Es gibt so viele verschiedene Einstiegsmöglichkeiten in die Geschichtenwelt, wie es unterschiedliche Projekte gibt; während bei einem Projekt eine App der geeignete Ausgangspunkt sein mag, ist es bei einem anderen ein YouTube-Video oder bei wieder einem anderen ein auf ein T-Shirt gedruckter Code", beschreibt es Kamal Sinclair vom Sundance Institut.

Um damit erfolgreich zu sein, muss man sein potentielles Publikum kennen, muss wissen, welche Geschichte man erzählt, welche Subgeschichten sie enthält und wer sich dafür interessieren könnte. Hier hilft es, sich die Strategien der professionellen Werber anzusehen und sich zu überlegen, wer sich noch für dieses Publikum interessiert,

3 Marketing und die neue Rolle des Publikums

das man gewinnen möchte, um zielgruppengerechte NGOs, Interessengruppen, Organisationen, Firmen oder auch Marken eventuell als Vermarkter, Sponsoren, Förderer und Mulitiplifier[223] zu gewinnen.

Die Welt der Marken und Geschichtenerzähler verschmelzen sukzessive, und die Kooperation mit Marken – die ebenso wie alle anderen Geschichten erzählen wollen – kann nicht nur der Finanzierung auf die Sprünge helfen, sondern kann auch die Medienmacht erhöhen und damit mehr Publikum anziehen.

Eine Gefahr für Webdokus wie für jede andere Internetpublikation ist, dass sie letztlich nur diejenigen erreichen, die bewusst nach ihnen suchen. Auch sie können Opfer jenes Echo-Effekts werden, der den Usern immer nur das zurückschickt, was sie senden – als weiteres Indiz für jenes Verschwinden des öffentlichen Raums, wie ihn Slavoj Zizek[224] beklagt: Das wäre dann die andere Seite der hochspezialisierten und fragmentierten Welt des Internets.

Und auch bei nativen trans- und crossmedialen Projekten, die von Anfang an für den Vertrieb als Multiplattform-Produktionen[225] konzipiert sind und die mehrere Distributionswege und mehrere Wege, ihre Geschichte zu erzählen, miteinander verbinden, wird die eigentliche Herausforderung bleiben, wie man ein Publikum erreicht, das man nicht a priori schon hat – eine Herausforderung, die sich allen entsprechenden Studien zufolge in Zukunft noch verschärfen wird.

Ein Netzwerk aufbauen, in den sozialen Netzwerken präsent sein, das Publikum in seine Geschichte einzubinden und richtig zu betreuen: Das sind somit die Schlüsselqualitäten in der Vermarktungsstrategie von Webdokus. „Networks make very powerful numbers, so if you can find the right internet jet stream to get on board it can really have an effect on your audience. There gets to be a point when you can't tell any more what is editorial, what is marketing, what is community management. They all start to merge, and you are probably doing something right", meint Adam Gee[226], Multimedia Producer von Channel 4.

E Stichworte zur Produktion einer Webdoku

E4 FINANZIERUNG

Crowdsourcing und Crowdfunding als
Kern des Businessmodells 2.0 _____ **114**

Neue Erlösmodelle _____ **120**

Für Webproduktionen gibt es im Unterschied zu Kino- und Fernsehfilmen noch kein etabliertes Businessmodell, kein (wie schlecht auch immer) funktionierendes Verwertungsschema, wie es etwa die Verwertungskette eines klassischen Dokumentarfilms wäre: Festival, Kino, Fernsehausstrahlung, DVD, VoD. Und die Förderstellen haben – zumindest im deutschsprachigen Raum, im Unterschied zu Kanada oder Frankreich – noch nicht allzu viele Fördergelder für Webdokus eingeplant. Die Finanzierung einer Webdoku bleibt eine Herausforderung. Doch Webdokus haben es geschafft, mit lokalen Geschichten Menschen aus aller Welt anzusprechen. Webdokus und andere Multimedia-Projekte eignen sich somit hervorragend, Finanzierungen von unterschiedlichen Interessengruppen zu rekrutieren und so Kooperationen zu erzeugen, die sowohl inhaltlich als auch für die Vermarktung interessant sind. Sie eignen sich auch besonders für eine neue Finanzierungsmöglichkeit, die genau auf sie zugeschnitten zu sein scheint: das Crowdfunding.
Auch wenn es für Webdokus mittlerweile zahlreiche Pitchingevents und Branchenmeetings gibt, auch wenn immer mehr Sender an ihnen interessiert sind und es mittlerweile einige Förderstellen gibt, die Webdokus unterstützen, wird es im seltensten Fall gelingen, ein Projekt mit nur einer Finanzquelle umzusetzen. Meist wird es mehrere Beteiligte aus unterschiedlichen Zusammenhängen brauchen, um die Finanzierung sicherzustellen, und dabei ist die Kreativität der

> **WE ARE COMPLETELY DEPENDENT ON BROADCASTERS AND THIS IS WRONG IN A WAY. WE NEED TO FIND FUNDING FROM PRIVATE PARTNERS LIKE NEWSPAPERS, NGOS, FOUNDATIONS ETC. BUT TO DO THIS, WE NEED TO BE CREATIVE AND THINK OF NEW WAYS TO CREATE A FINANCIAL MODEL.** [227]

ARIK BERNSTEIN, PRODUZENT

ZITAT

E Stichworte zur Produktion einer Webdoku

Produktionsfirmen und Filmemacher gefragt. Je nach Thema sind es oft verschiedene Fonds, NGOs, TV-Sender, Verlage oder Printmedien, die gemeinsam eine Webdoku finanzieren, was oft mit einer Crowdfunding-Kampagne seinen Anfang nimmt.

Die Finanzierung der Webdoku *Hollow* etwa setzte sich folgendermaßen zusammen: Ein *New Media Grant* des *Tribeca Film Institute*, eine Förderung des *West Virginia Humanities Council* und zusätzlich noch 28.000,- USD von 500 Unterstützen, die über die Crowdfunding-Plattform Kickstarter gewonnen werden konnten, bildeten das Produktionsbudget. Die Serverkosten – die bei einem Projekt dieser Grössenordnung sehr umfangreich werden können – wurden durch Vorträge und Screenings finanziert.

Auch *18 Days in Egypt* ist einer gelungenen Crowdfunding-Kampagne zu verdanken: diese Webdoku wurde mithilfe von Crowdfunding und einer Förderung des *Tribeca Film Institute New Media Fund* sowie des *Sundance New Frontier Story Lab* finanziert.

Für sehr fokussierte Themen lassen sich auch gezielt themenäquivalente Organisationen ansprechen. Die Plattform *Magnum In Motion*[228] hat einige Projekte mit verschiedenen NGOs realisiert: *A Healthy Difference*[229] über die Schwierigkeiten, sich mit einem geringen Einkommen gesund zu ernähren, mit der *American Association of Retired Persons (AARP)*, und *Bongo Fever*, ein bestürzender Essay über Drogen und Aids in Tansania, mit *Médecins du Monde*.

Auch die Projekte der Produktionsfirma *Mediastorm* werden immer wieder mit Unterstützung unterschiedlicher Kooperationspartner realisiert.

Crowdsourcing und Crowdfunding als Kern des Businessmodells 2.0

In einer Zeit, in der die Budgets kleiner und der Kampf um Aufmerksamkeit größer wird, ist die Suche nach alternativen Finanzierungsmodellen naheliegend. Wenn sich diese Finanzierungsmodelle auch

> **CROWDFUNDING THROUGH THE NET IS NOW ONE OF THE MOST LIKELY WAYS TO RAISE DOCUMENTARY PRODUCTION FUNDS. IT IS HUGELY INEFFICIENT AND DOES NOT YIELD GREAT SUMS – BUT IT'S OFTEN ENOUGH TO GET A DOC MADE.**
>
> KEVIN MCMAHON, FILMEMACHER UND PRODUZENT

noch dazu eignen, Netzwerke aufzubauen, ist es natürlich umso besser. Crowdsourcing und Crowdfunding haben sich so in den letzten Jahren quasi zum Kern des Businessmodells 2.0 entwickelt. Crowdsourcing bezeichnet hier das outsourcen einer Tätigkeit, die üblicherweise von bezahlten Mitarbeitern erledigt wird, an eine große (manchmal auch anonyme) Gruppe von Menschen – ein Beispiel dafür ist etwa das kollaborative Filmprojekt *One Day on Earth*. Erfolgreiche Webdokus, die auf Crowdsourcing beruhen, sind etwa *18 Days in Egypt* und *The Johnny Cash Project* – *18 Days in Egypt* beruht zur Gänze auf von der Crowd zur Verfügung gestellten Clips und

E Stichworte zur Produktion einer Webdoku

Abb. 9: A Healthy Difference (Alex Webb, US 2011)

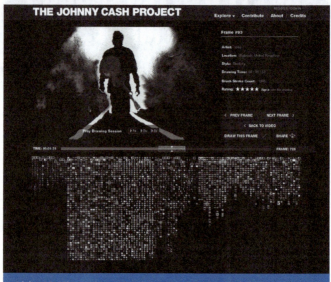

Abb. 10: The Johnny Cash Project (Chris Milk, US 2010)

Filmen, die in eine Datenbank eingefügt werden, und *The Johnny Cash Project* nutzt von Usern gestaltete Frames, die zusammen einen immer wieder anderen – da immer wieder neu von den Usern arrangierten – Kurzfilm ergeben. Auf beide Projekte wird später noch näher eingegangen.

Crowdfunding steht für die Projektfinanzierung durch eine große Gruppe von Menschen, die das Projekt jeweils mit einem kleinen Betrag fördern. Da wir in Zukunft eher mit einer „Masse an Nischen und nicht mehr mit einem Massenmarkt in Form eines Mainstream" rechnen können, wie Rechtsanwalt Michael Augustin[230] so schön feststellt, wird Crowdfunding auch nicht so bald an Bedeutung verlieren. Grundsätzlich unterscheidet man drei verschiedene Arten von Crowdfunding: Spenden, Projektfinanzierung und Investment. Bei Ersterem kann man soziale Projekte mit Zeit oder Geld unterstützen. Die Projektfinanzierung zielt auf Kunstprojekte und die Herstellung einzelner Produkte ab und die Unterstützer erhalten üblicherweise je nach Beitragshöhe eine entsprechende Gegenleistung. Beim Investment schließlich handelt es sich um die Finanzierung von Startups[231] und Geldgeber sind am potentiellen Gewinn des unterstützten Unternehmens beteiligt.

Für jede der drei Finanzierungsarten haben sich unterschiedliche Plattformen etabliert – für Spenden etwa *betterplace*[232], für die Unterstützung kreativer Projekte gibt es *kickstarter*, *Indiegogo* oder *Startnext*, für Crowdinvesting unter anderem *Seedmatch*[233].

Bei Crowdfunding für Filme und Webdokus handelt es sich üblicherweise um Projektfinanzierung, es fällt also in die zweite Kategorie.

Auch wenn es theoretisch möglich wäre, eine Crowdfunding-Kampagne ohne Plattform zu starten, wäre das nur in den seltensten Fällen zielführend. Denn Crowdfunding-Plattformen sind auf diversen Social Media Netzwerken etabliert, haben ihre eigenen Fans und Abonnenten und bewerben so die aktuellen Projekte auch auf ihren Seiten. Je nach Zielpublikum und Herkunftsland wählt man eine entsprechende Plattform aus.

E Stichworte zur Produktion einer Webdoku

Die meisten Plattformen erheben Gebühren von 4 bis 10 Prozent der angestrebten Investmentsumme sowie Transaktionsgebühren von 4 bis 9 Prozent. Sie funktionieren meist nach dem Alles-oder-Nichts-Prinzip – die Starter eines Projekts legen einen Zielbetrag und eine Projektdauer fest, und nur wenn mindestens der Zielbetrag innerhalb der Projektdauer eingegangen ist, wird das Geld auch an die Starter ausgezahlt, andernfalls wird es an die Investoren rücküberwiesen.
Ein Crowdfunding-Projekt ist in verschiedene Abschnitte unterteilt: Nach der Projektvorbereitung folgt die Startphase, in der man eine bestimmte Anzahl an Likes/ Fans aktiviert haben muss, um die Finanzierungsphase – die eigentlich Projektphase – einleiten zu können. Die empfohlene Dauer der Finanzierungsphase beträgt drei bis vier Wochen; in dieser Zeit wird das Projekt weiter intensiv beworben, muss die Projektseite regelmäßig mit neuen Informationen befüllt und die Geldgeber über die Fortschritte bei der Projektentwicklung auf dem Laufenden gehalten werden. Dem folgt die Abschlussphase, in der das erfolgreich finanzierte Projekt umgesetzt wird.
Crowdfunding greift zwar die Hoheit der herkömmlichen Kulturförderung an und gibt prinzipiell jedem die Möglichkeit, seine Ideen unmittelbar umzusetzen[234], aber es ist kein Selbstläufer. Auch hier hilft ein bekannter Name, Blockbuster setzen sich auch hier durch, und von Summen, wie sie die Crowdfunding-Kampagne für *Stromberg* einspielen konnte, kann eine durchschnittliche Webdoku-Kampagne nur träumen.
Die Vorbereitung und Durchführung eines Crowdfunding-Projekts benötigt sehr viel Zeit und muss gründlich geplant werden. Man braucht eine klar formulierte Projektidee, sollte in diversen Social-Media-Netzwerken präsent sein und über attraktive Goodies für die Unterstützer nachgedacht haben. Für Filmprojekte benötigt man zudem ein perfektes Pitchingvideo und man darf weder vergessen, die Crowdfunding-Seite regelmäßig mit Nachrichten zu befüllen, um die (hoffentlich zahlreichen) Fans auf dem Laufenden zu halten, noch die Kommentare über die diversen Social-Media-Seiten mitzuverfolgen –

alles in allem ist eine Crowdfunding-Kampagne nichts, was man einfach mal so nebenbei machen kann.

Dieser oft unterschätzte Aufwand ist wohl einer der Gründe, warum 40 Prozent der auf Startnext gestarteten Kampagnen scheitern.[235] Die Verbindung von Finanzierung und Kommunikation ist nicht so einfach zu handhaben. Hilfreich sind sicher ein realistisches Finanzierungsziel, ein durchdachter Zeitplan, offensive Kommunikation und eine gute Präsentation. Üblicherweise wird auch empfohlen, ein Projekt vom Umfang einer Webdoku in kleinere Einzelprojekte zu zerlegen – so lässt sich leichter einschätzen, wie gut das Projekt beim Publikum ankommt und man hat genug Zeit, auf Kritik zu reagieren oder unvorhergesehene Entwicklungen zu berücksichtigen. Aus gescheiterten Projekten lässt sich zudem ebensoviel lernen wie aus erfolgreichen – weshalb diese bei Startnext[236] auch sichtbar bleiben. Und auch gescheiterte Kampagnen können insofern erfolgreich sein, als man auch durch sie neue Fans gewinnen, bereicherndes Feedback erhalten und Kooperationspartner entdecken kann.

Und eventuell auch Unterstützer des nächsten Projekts; denn einen wichtigen, oft unterschätzten Aspekt des Crowdfundings beschreibt Filmemacher David Paul Baker[237]: „I think the actual film comes last. People help people, so I think that is why it is so important to brand yourself as an individual that gets things done."

Man darf die Anstrengungen des Crowdfunding also nicht unterschätzen und muss ausreichend Ressourcen für die Leitung der Kampagne und die Betreung der Unterstützer einplanen: „Crowdfunding is an intense activity, especially as a beginning filmmaker with a small group of supporters. Nobody knows who you are and you have to make an extra effort to stand out and gather people behind your project. If you want to collect money quickly and you think crowdfunding is the way, disappointment will await you", berichtet etwa Steven Dhoedt, der mit *Inside the Metaverse* eine Arbeit über den Einfluss virtueller Welten auf Menschen aus aller Welt mithilfe der Crowdfunding-Plattform IndieGoGo finanziert hat.

Mit den richtigen Themen und Strategien ist Crowdfunding allerdings eine lohnende Strategie und für manche Themen ist es auch der einzig mögliche Weg, da man nur so redaktionelle und finanzielle Unabhängigkeit gleichermaßen gewährleisten kann: Elena Rossini, die mit *The Illusionists* einen Dokumentarfilm über die Ausbeutung von Frauen in Bezug auf deren Unsicherheit gegenüber ihrem Körper machte, wollte es aufgrund ihres speziellen Themas vermeiden, durch Fernsehredaktionen, die auf Werbegelder angewiesen sind, eingeschränkt zu werden.

Den Aufbau eines Publikums begann sie über ihren Twitter Account, den sie während der Recherche regelmäßig mit Links zu befüllen begann. Innerhalb einiger Monate hatte sie einige hundert Follower und konnte den Film schließlich erfolgreich realisieren.[238]

Beim ersten Internetblockbuster, dessen Produktionsbudget durch Crowdfunding zustande kam, handelte es sich um den Dokumentarfilm *Loose Change*, eine Dokuserie von Dylan Avery, Korey Row und Jason Bermas, die sich mit der Verschwörungstheorie befasst, die USA wären in die Terrorattacken von 9/11 involviert gewesen. Dieser Film traf offensichtlich einen Nerv: Er hatte 2005 als 2.000-USD-Produktion begonnen und es im Jahr 2009 in der fünften Version auf ein Produktionsbudget von 1 Million USD gebracht.[239]

Wenn dergleichen auch ein eher unwahrscheinliches Szenario für eine durchschnittliche Webdoku ist, so zeigt sich daran doch, welche Möglichkeiten in dieser Finanzierungsform stecken.

Neue Erlösmodelle

Webdoku-Autoren konnten einiges von der Musikindustrie lernen, die lange vergeblich versucht hat, sich mit einem überkommenen Marketingkonzept im digitalen Zeitalter durchzusetzen und aus diesen Erfahrungen ihre Lehren gezogen hat: sich nicht auf ein einziges Produkt fixieren, das man unbedingt verkaufen möchte, sondern eher auf den Aufbau eines kontinuierlichen Austausches mit dem

> **THERE IS LESS AND LESS MONEY AROUND. PEOPLE ARE DESPERATELY SCRABBLING AROUND FOR PENNIES ... IT HAS ALWAYS BEEN A DELICATE ECOLOGY – A LARGE NUMBER OF AMBITIOUS FILMMAKERS, A FEW SUPPORTIVE FUNDERS AND SOME WONDERFUL WAYS OF GETTING THEM TOGETHER.**[240]

GREG SANDERSON, PRODUZENT

Publikum, auf Beziehungsarbeit[241] setzen. Auch mal etwas verschenken und eher versuchen, spezielle Abonnements zu verkaufen, Bonuseditionen oder Raritäten, als darauf zu bestehen, alle Produkte zu verkaufen, die man anzubieten hat: So in etwa lauten die Ratschläge.

E Stichworte zur Produktion einer Webdoku

Außerdem: Sich selbst sowie die eigene Arbeit zu einer Marke machen; durch serielles Erzählen – wie es *Highrise* von Katerina Cizek oder *Gaza/Sderot* bieten – das Publikum dazu anzuregen, wiederzukommen und es durch Social Media an sich binden.

Rund um diese Überlegungen haben sich im Internet mittlerweile einige Erlösmodelle etabliert, die langsam auch von Webdoku-Autoren und -Anbietern ausprobiert werden.

Am beliebtesten – und auch am meisten verbreitet – ist immer noch die Präsenz auf Gratisplattformen, die Inhalte frei zugänglich anbieten und sich ausschließlich über Umwegfinanzierung wie Förderungen oder Gebühren finanzieren. Öffentlich-rechtliche Angebote wie der Webdoku-Kanal von Arte oder Institutionen wie das *National Film Board Canada* funktionieren nach diesem Prinzip. Sie haben sich als zuverlässige Marken etabliert und können dem Publikum auf diese Art zahlreiche Webdokus dauerhaft zur Verfügung stellen.

Einen anderen Weg gehen werbefinanzierte Plattformen, sogenannte AdVoD-Anbieter (Advertiser-supported-Video-on-Demand). Sie blenden entweder, wie YouTube, Werbung vor oder in Videoclips ein, oder sie gestalten, ähnlich wie Privatfernsehsender, Werbeblöcke, die während des Programms zwischengeschaltet werden. Viele kostenlose Plattformen wie Myvideo funktionieren nach diesem Prinzip. Diese Geschäftsmodelle sind rein werbefinanziert und für Webdokus nur eingeschränkt tauglich, da sie meist massiv die Dramaturgie beeinträchtigen und nachhaltig die Glaubwürdigkeit beschädigen.

Für Webdokus sind allerdings die folgenden Modelle interessant:
Bei Transactional-Video-on-Demand (TVoD) leiht sich ein Kunde ein Video für einen begrenzten Zeitraum (zum Beispiel 48 Stunden) aus und zahlt für jeden Film einzeln. Ein anderer Begriff dafür ist PPV oder Pay-Per-View. *Maxdome* beispielsweise bietet seinen Kunden dieses Modell als Alternative zum Abo an.

Der Multimediakünstler und Filmemacher Jonathan Harris hat dieses Erlösmodell bei seiner Webdoku *I Love Your Work* verwendet und Florian Thalhofer nutzte es bei seiner Webdoku *Das Geld und die Griechen*.

Subscription-Video-on-Demand (SVoD) bezeichnet ein Abo-Modell, wie es etwa Netflix, Watchever oder Amazon anbieten. Ein Fixpreis gilt für ein festgelegtes Angebot, das uneingeschränkt abgerufen werden kann. Auch dieses Modell findet man bei Webdokus: Die amerikanische Multimediaproduktionsfirma *Mediastorm* bietet es als Alternative zu PPV an, man kann ein Jahresabo kaufen oder auch nur einzelne Projekte, wenn man ihre Webdokus sehen möchte.

Bei Electronic-Sell-Through (EST) kauft man zeitlich unbeschränkte Nutzungsrechte für ein spezielles Produkt. Ein alternativer Begriff dafür ist DTO oder Download-to-Own. Die Filme, die man über iTunes erwerben kann, werden so gekauft. Dieses Konzept ist für Webdokus allerdings noch nicht geeignet: Einerseits sind die Datenmengen von Webdokus im Allgemeinen zu groß, andererseits wäre es auch fraglich, ob das Abspielen von jedem Speichermedium aus funktionieren würde. Für Webdokus gibt es allerdings als Variante bei manchen Anbietern – wie z.B. *Mediastorm* es auch anbietet – die Möglichkeit, unbeschränkte Nutzerrechte für ein Projekt zu erwerben – eine unbefristete Miete also.

Einen ganz anderen Weg der Projektfinanzierung geht eine Gruppe von Lesern und Journalisten mit der Multimedia-Plattform *deepr*[242]. Sie wollen sich auf ihrer Plattform darauf spezialisieren, komplexe Themen technisch und inhaltlich anspruchsvoll und möglichst als Multimedia-Reportage aufzubereiten und ohne Werbung zu präsentieren. Finanziert wird die Arbeit an den einzelnen Geschichten direkt von den Lesern und Leserinnen. Journalisten schlagen ein Thema vor, das sie gerne erarbeiten würden und das Publikum zahlt die Arbeit an diesem Thema. Oder eben nicht.

DRAMATURGIE DER WEBDOKU

F1 **131**
Linearität und der Fluch der guten Geschichte

F2 **136**
Erzählstrukturen zwischen Film und Spiel

F3 **143**
Interaktivität: die Beziehung zwischen Autor und Publikum

F4 **147**
Die Rolle des Autors

F5 **151**
Die Bedeutung der Interaktion

F6 **155**
Immersion

F7 **158**
Der Flow

F Dramaturgie der Webdoku

Theoretisch klingt es äußerst verführerisch, wie Wired-Journalist Frank Rose die gegenwärtigen Möglichkeiten für Filmemacher beschreibt: „Combine the emotional impact of stories with the first-person involvement of games and you can create an extremely powerful experience."[244]

Aber so einfach ist es dann doch nicht. Lineares Erzählen und interaktives Erleben sind derart unterschiedliche Erfahrungen, dass sie nicht so leicht zusammengehen und dass sie, wenn sie unbedacht kombiniert werden, User immer wieder aus ihrer Medienerfahrung herausreißen und somit letztlich aus dem Projekt vertreiben können.

Jede neue Technik, jedes neue Medium bringt eine neue Erzählform hervor: Extreme Beispiele sind etwa Twitter-Romane wie Matt Stewarts *The French Revolution* und Florian Meimbergs *Auf die Länge kommt es an*, die in 140-Zeichen-Häppchen erzählt werden.

Bis die neuen Möglichkeiten optimal genutzt werden, dauert es jedoch immer eine Weile. Auch der Film musste da durch: In den ersten Tonfilmen wurde noch ununterbrochen gesprochen, die ersten Farbfilme waren exzessive Farbräusche. Erst allmählich lernte man, mit den neuen Möglichkeiten umzugehen und sie adäquat einzusetzen. Mit dem Internet verhält es sich nicht viel anders: „Wichtig ist, dass sich die Dinge aus der Geschichte heraus entwickeln. Dann achtet man gar nicht darauf, wie ein Effekt gemacht ist. Zurzeit experimentieren alle, aber oftmals nur um des Experimentierens willen", meint Drehbuchautor Oliver Hohengarten[245].

Viele Webdokus vertrauen auch – wie viele Webdesigner in den Anfängen des Internets – zu sehr der Technik, fokussieren sich auf die neuesten Anwendungen und übersehen dabei, dass diese nicht nur keine mangelhafte Story retten können, sondern oft auch eine exzellente Story stören. Und manchmal steht die Technik auch einfach zwischen ihnen und dem Publikum – weil sie technische Voraussetzungen haben, die sich noch nicht durchgesetzt haben oder zumindest ihrem speziellen Publikum nicht zugänglich sind.

> **A WEBDOC IS A KIND OF SYMPHONY, OR AT LEAST A CHAMBER MUSIC CONCERTO WITH COMPOSERS AND CONDUCTORS, AND ARTISTS AND AUDIENCES, ALL PLAYING IMPORTANT ROLES.**[243]
>
> WINTONICK, DOKUMENTARFILMER

Auch die Abhängigkeit von bestimmten Plattformen ist oft noch ein Problem – insbesondere auf Tablets sind viele Webdokus leider noch nicht abspielbar.

Doch man spürt bei vielen aktuellen Webdokus eine ähnliche Aufbruchsstimmung wie in den Pioniertagen des Kinos. Und auch die Inhalte gleichen oft verblüffend jenen aus der Anfangszeit des Kinos: „I see many projects about a specific place with many different characters and fragmented little stories. In those projects, like for instance *Highrise* or *Gaza/Sderot* the open concept of a place becomes the main character … In such projects I see a direct link back to City Symphonies like Vertov's *Man with a Movie Camera*", meint etwa Caspar Sonnen[246] vom IDFA DocLab.

F Dramaturgie der Webdoku

Diese Webdokus gehören oft auch zu den erfolgreichsten ihres Genres; nicht nur lässt sich gerade von Vertov viel lernen über den Umgang mit Linearität (wie auch von Filmen wie *Short Cuts, Rashomo, Memento, Lola rennt* oder auch den Büchern von Milorad Pavic[247]), ein Plan ist auch ein nahe liegendes und intuitiv bedienbares Interface: Jeder Ort, jede Straße kann zu einer neuen Geschichte führen, die Geschichten sind dabei zwar unabhängig voneinander, durch den Plan aber auch miteinander verbunden. Ein Ort bildet so einen guten Ausgangspunkt für kurze Geschichten, die mehr oder minder lose in Beziehung zueinander stehen, sich aber auch gut einzeln zwischendurch konsumieren lassen. Zahlreiche Webdokus haben sich dies zunutze gemacht.

Die Aufmerksamkeitsspanne im Internet ist bekanntlich wesentlich kürzer als in einem klassischen Lean-Back-Medium wie dem Fernsehen oder gar dem Kino: „On the web people do not just zap channels, they hyper-zap. They spend less time on a website than they would (on) a TV channel. So creators have to take this into account … I always challenge the creator to offer us a very profound and engaging experience, but one that lasts only 5 minutes, one time, small stuff", wie Hugues Sweeney[248] vom *National Film Board Canada* es beschreibt.

Man muss fähig sein, eine Dramaturgie modular zu denken. Kleine Portionen zu großen Geschichten zusammenzufügen und dabei die Aufmerksamkeit des Publikums nicht zu verlieren, ist die Herausforderung, der sich die Macher von Webdokus stellen müssen. Und das ist keine einfache Aufgabe. Denn während eine der Grundregeln des Internets heißt, sich kurz zu halten, lautet eines der Prinzipien des Spiels, dass es (fast) unendlich weiterlaufen kann (und soll). Die Webdoku versucht sich also in einem Balanceakt dazwischen: kurze Einheiten, die insgesamt aber oft weit länger dauern als die Standardformate linearer Dokumentarfilme, und Reportagen werden mit den Strategien des Spiels angereichert, um die User dazu anzuregen, länger zu bleiben, sich umzusehen, mitzumachen, immer wieder zu kommen, sich mit einer Webdoku auch mal über mehrere Tage zu beschäftigen.

Und sie ist auch recht erfolgreich mit dieser Methode: Während die durchschnittliche Aufenthaltsdauer auf einer Webseite weniger als eine Minute beträgt, bleiben User auf einer Webdoku im Durchschnitt immerhin schon fünf Minuten (und sie sehen sich dabei etwa 20 Prozent der angebotenen Inhalte an und 25 Prozent von ihnen kommen sogar mehrere Male)[249]. Doch zwischen *The Last Hijack*, das seine User im Schnitt nur für 4,5 Minuten fesseln konnte,[250] *Hollow*, dessen User durchschnittlich immerhin 12 Minuten auf der Seite blieben,[251] und *Out My Window*, das für unglaubliche 40 bis 60 Minuten pro Sitzung begeistern konnte,[252] liegen Welten. So auch zwischen den 10.000 bis 20.000 Besuchern, die von Indie-Produktionen erreicht werden können, und den 100.000 bis 1 Million Besuchern, die sich große Produktionen ansehen.

Wie also kann man Zuseher im Internet für möglichst lange Zeit für eine dokumentarische Geschichte begeistern? Interaktivität ist jedenfalls eine Schlüsselqualität. Doch wie setzt man sie ein? In guter Dramaturgie geht es um Kontrolle, Interaktivität aber gibt – zumindest zum Teil – Kontrolle ab. Die Balance zwischen diesen beiden Aspekten zu schaffen, ist die Herausforderung, die von Webdoku-Gestaltern bewältigt werden muss: eine logische, gut nachvollziehbare Struktur so mit den interaktiven Bestandteilen der Erzählung zu verschmelzen, dass sie ein organisches Ganzes ergeben. Dieses soll nicht nur der Geschichte dienen, sondern auch so aufbereitet sein, dass das Publikum nicht von all den anderen attraktiven Angeboten des Internets weggelockt wird.

Frédéric Jaeger, Chefredakteur von *critic.de*, hat analog zur Tiefenschärfe des Films das schöne Konzept einer *Tiefenästhetik* für das interaktive Erzählen vorgeschlagen. Diese sei zu verstehen als „eine Verlagerung der Aufmerksamkeit auf die Staffelung von Transmedia-Projekten in einem sich ständig auffächernden und potenziell unendlichen, psychologischen und sozialen Raum.

F Dramaturgie der Webdoku

Wer ästhetisch in die Tiefe konzipiert, denkt den Nutzer als selbstbewussten Akteur mit."[253]

Eine Möglichkeit ist etwa die Beschränkung der Anzahl möglicher Geschichten in einer Webdoku, sodass jede dieser Geschichten für sich stehen kann – ein gelungenes Beispiel dafür wäre etwa *Thanatorama*. Man kann auch eine flexible Timeline einführen, die man mehr oder weniger schnell vor und zurück gehen kann (*This Land, The Whale Hunt* und *Welcome to Pine Point* wären Beispiele hierfür) oder man wählt einen offeneren Zugang (wie etwa *We Feel Fine*), riskiert dafür aber Beliebigkeit. Entscheidend ist ein klares Konzept, das in Hinblick auf die Geschichte (oder die Welt) stringent ist und für die User unmittelbar nachvollziehbar und spannend ist.

Man kann auch einen kurzen Einführungsfilm zeigen und die Möglichkeit bieten, mit mehr Zeitaufwand tiefer in das Projekt einzudringen, wie es *Bear 71* macht. Oder man versucht, durch überlegte Gamifizierung die User zum wiederkehrenden Besuch oder längeren Aufenthalt auf der Webdoku zu animieren, wie es etwa *Prison Valley* oder *Fort McMoney* machen.

Wer einmal ausprobiert hat, interaktiv zu erzählen, kann sich jedenfalls nicht mehr so leicht wieder davon lösen: „This project has ruined me as a filmmaker. After this, I can't just make a short film. I'm constantly thinking about the better way the story could be told", meinte Elaine McMillion über ihre Erfahrung nach ihrer Webdoku *Hollow*.[254]

F1 LINEARITÄT UND DER FLUCH DER GUTEN GESCHICHTE

Lineares Erzählen ist die eigentliche Stärke des Films, die größte Qualität Hollywoods, und es ist das genaue Gegenteil von Interaktivität und Nonlinearität. Der Produzent Joe Medjuck meint zu Recht: „Freier Zugriff auf die Teile eines Films kann seine Rhythmen zerstören, seine Existenzberechtigung gar."[255]

Doch lineares Erzählen rückt – zumindest im Internet – zunehmend in den Hintergrund.

Und während einige den großen Geschichten nachtrauern, freuen sich andere über deren Ende.

Der profilierteste Kritiker des linearen Geschichten-Erzählens ist im deutschsprachigen Raum wohl der Filmemacher und Medienpionier Florian Thalhofer. Für Thalhofer, der seit 1997 nonlineare, interaktive Projekte realisiert und dafür seine eigene Software Korsakow entwickelt hat, ist der traditionelle lineare Film längst todgeweiht: „Film wird es immer geben, aber in 10, 15 Jahren wird es sein wie wenn man in die Oper geht: Man zieht sich schick an, geht ins Kino und danach teuer essen. Es ist ein gesellschaftliches Ereignis, gesellschaftlich relevant ist es nicht mehr."[256]

Florian Thalhofer hat eine ganz eigene Art zu erzählen entwickelt. Er programmiert seine Filme mit seiner Software Korsakow, die eine Art Datenbank geschnittener Videclips entstehen lässt – Thalhofer nennt sie SNUs (Smallest Narrative Units), die bei jedem Ansehen in anderer Reihenfolge abgespielt werden.

F Dramaturgie der Webdoku

Da Thalhofer nicht nur sehr lange schon als Gestalter sogenannter Korsakow-Filme arbeitet, sondern seine Software auch anderen zur Verfügung stellt, gibt es mittlerweile recht viele Filme in dieser Technik. Thalhofer misstraut der „guten Geschichte", sie ist für ihn Fessel und Beschränkung. Er empfindet sie auch nicht als natürlich und verweist dabei auf die mündliche Erzählung, die sich je nach Publikum, Ort und Zeitpunkt des Erzählens ändert, die immer in vielen Varianten exisitiert. Auch die schriftliche Erzählung ließe noch zahlreiche Möglichkeiten der Interpretation offen. Er hält eine ‚gute Geschichte' nicht für notwendig und sieht auch den Siegeszug des Mediums Film nicht der linearen Erzählstruktur geschuldet, sondern der Faszination, die Bewegtbild mit Ton kombiniert auf uns ausüben. Und diese Kombination war nun einmal lange Zeit nur als linearer Film machbar.

Für ihn ist unsere Sehnsucht nach einer klaren, eindeutigen Geschichte also bloß ein historisch tradiertes Bedürfnis, das zunehmend obsolet wird. Und das Konzept des linearen Films entspricht für ihn den Beschränkungen der Vor-Computer-Zeit, stammt aus einer Zeit, in der Bilder schlicht nicht anders angeordnet werden konnten als hintereinander auf einer Rolle: „Doch noch immer kleben Autoren der Filme ein Bild ans nächste, sodass die Filme bei jedem Ansehen gleich sind. Warum nur?"

Die Art des Computers, Inhalte zu organisieren, erscheint Thalhofer menschlicher, wärmer, und er sieht einen „Paradigmenwechsel hin zu einer widersprüchlicheren, vielschichtigeren Gesellschaft", einer Gesellschaft, die die überzeugenden Geschichten nicht mehr braucht, um sich wohl zu fühlen.

Auch wenn wohl nur wenige so weit gehen würden wie Thalhofer, ist das Bedürfnis des Publikums, in irgendeiner Weise mitzuwirken, nicht zu leugnen: „Today, audiences expect participation in the narrative unfolding of cinema, even if this simply means activating the film, or rearranging its order"[257], meint Medientheoretiker Nicholas Rombes. Allerdings sieht man an Thalhofers Projekten auch, dass es einem Publikum, das sich auf eine passive Lean-Back-Erfahrung wie Fernsehen

> **EVERY FILM SHOULD HAVE A BEGINNING, A MIDDLE AND AN END, BUT NOT NECESSARILY IN THIS ORDER.**
>
> JEAN-LUC GODARD, REGISSEUR

eingestellt hat, oft schwer fällt, sich auf eine aktivere Lean-Forward-Erfahrung wie das Internet einzulassen. Schwierig wird erst recht, eine *Jump-In*-Erfahrung wie das Computerspiel zu genießen, wenn diese nicht sehr zugänglich gestaltet und intuitiv verständlich ist: „Die Leute sagen, sie finden Korsakow-Filme anstrengend, weil sie nicht verstehen, was ihnen gesagt werden soll."[258]

Und das ist tatsächlich ein Problem für einige, die sich an Korsakow-Filmen versuchen. Wyngaarden[259] fragt sich gar, ob die Aufteilung in SNUs dem User überhaupt irgendeinen Mehrwert bringt. Ob also das

Abb. 11: Screenshot von *Planet Galata* von Florian Thalhofer und Berke Baş (DE, TR 2010)

F Dramaturgie der Webdoku

reine Aufbrechen der Linearität schon eine erzählerische Qualität ist. *Planet Galata*, 2012 von Thalhofer für Arte und ZDF produziert, ist eine recht typische Webdoku aus der früheren Zeit der Webdokus und auch typisch für Korsakow-Filme: Sie konzentriert sich auf einen Ort, in diesem Fall die Galata-Brücke in Istanbul, und zeigt das Leben der Menschen an und rund um diesen Ort. Entstanden ist eine äußerst schlichte Webdoku mit spannenden Protagonisten und einem schönen Thema, deren interaktive Möglichkeiten aber reichlich beschränkt sind: Die Reihenfolge der Filmclips lässt sich auswählen und die Clips lassen sich teilen. Das war es dann aber auch.

Auch hier hat Thalhofers spezielle Art der Gestaltung einiges an Kritik hervorgerufen. Der Journalist Matthias Eberl meint etwa in einer Besprechung: „Der Film ist ungewohnt sperrig zu konsumieren, man muss sich mehr oder weniger zufällig durch die zahlreichen einzelnen Abschnitte und Takes klicken. Als durchschnittlicher Rezipient verlor ich wegen dem fehlenden Spannungsaufbau schnell das Interesse am Fortgang der Geschichte."[260]

Webdoku muss also weitaus mehr bieten, als bloß eine nonlineare Datenbank zur Verfügung zu stellen; Webdoku muss gestaltet werden und benötigt – auch (und gerade) als nonlineare Form – Struktur. Webdokus basieren zwar auf Datenbanken, aber Datenbanken und Erzählung sind, wie man sieht, natürliche Feinde: „As a cultural form, database represents the world as a list of items and it refuses to order this list. In contrast, a narrative creates a cause-and-effect trajectory of seemingly unordered items (events)"[261], heisst es bei Lev Manovich.

Wie also macht man diese *database narratives* und ihren dualen Prozess der Auswahl und Kombination zu einem attraktiven Angebot für das Publikum?

Egbert Van Wyngaarden[262] macht deutlich, was Webdoku jedenfalls nicht sein sollte: eine Ansammlung von Videclips auf einer Homepage mit Navigation. Mit dem crossmedialen Projekt *60 x Deutschland* etwa versuchte sich der rbb daran und scheiterte.

1 Linearität und der Fluch der guten Geschichte

60 x Deutschland ist eine faszinierende Dokumentarfilmserie, ein spannendes Buch und eine passable Website. Eine Webdoku ist es nicht. Denn dafür bietet die Site trotz Kommentarfunktion weder genug Interaktionsmöglichkeiten noch sind die Filme für das Web gemacht.

Wie das besser geht, lässt sich anhand von *Land of Opportunitiy*[263] von Luisa Dantas über den Wiederaufbau von New Orleans sehen: Hier bietet ein Dokumentarfilm den Ausgangspunkt für eine Site, auf der User eigene Clips zum Thema präsentieren können.

Eine Webdoku muss also mehr sein als nur eine Datenbank: Sie braucht eine Struktur und Dramaturgie. Als Online-Äquivalent des Bonusmaterials auf einer DVD oder als Webseite zu einem Film wird sie nicht funktionieren.

F Dramaturgie der Webdoku

F2 ERZÄHLSTRUKTUREN ZWISCHEN FILM UND SPIEL

Nonlineare Filme sind in kleinere Einheiten aufgeteilt, innerhalb derer User auf unterschiedliche Weise navigieren können. Aus der Zusammenarbeit von Filmemachern und Spiele-Entwicklern haben sich bestimmte Modelle des nonlinearen Storytellings[265] entwickelt, die zur Analyse sowie als Modelle von Webdokus geeignet sind und die den Variantenreichtum jenseits des klassisch linearen Aufbaus zeigen. Ian Schreiber[266] und Florent Maurin[267] haben folgende, auf der Analyse von Videospielen basierende Kategorisierung interaktiver Erzählstrukturen vorgeschlagen:

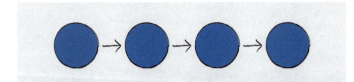

Abb. 12: Lineare Erzählstruktur

1. Lineare Erzählstruktur: die klassische Struktur mit einer vom Autor vorgegebenen Reihenfolge der Abschnitte. Von Vorteil ist hier die klare Struktur, nachteilig ist, dass die Geschichte nicht beeinflusst werden kann und dass jeder Nutzer dieselbe Geschichte erlebt. Zum Tragen kommt diese Struktur z. B. bei *Le Corps Incarcéré*, einer frühen Webdoku

> **I EXPECT THAT HISTORY WILL SHOW 'NORMAL' MAINSTREAM TWENTIETH CENTURY MEDIA TO BE THE ABERRATION IN ALL THIS. 'PLEASE, MISS, YOU MEAN THEY COULD ONLY JUST SIT THERE AND WATCH? THEY COULDN'T DO ANYTHING? DIDN'T EVERYBODY FEEL TERRIBLY ISOLATED OR ALIENATED OR IGNORED?'**[264]

DOUGLAS ADAMS, SCHRIFTSTELLER

von *Le Monde* über das französische Gefängnissystem und die Auswirkungen der Gefangenschaft auf den Körper. Die Webdoku besteht aus einem Hauptfilm, der in Abschnitte unterteilt ist, und einigen zusätzlichen Interviews, die

Hintergrundinformationen anbieten. Dies ist auch die häufigste Struktur einer Multimedia-Reportage. Auch das *Interview Project*[268] von David Lynch folgt diesem Prinzip. Da sich immer mehr Onlinemedien, die Multimedia-Reportagen anbieten, in Richtung Webdoku bewegen, gewinnt diese Struktur wieder mehr an Bedeutung.

2. Konzentrische Struktur: ausgehend von einem Hauptmenü – einer Karte etwa oder einem Bild – werden verschiedene Module angeboten, aus denen man beliebig wählen kann und die auch unabhängig voneinander funktionieren. Diese Struktur ist leicht nachvollziehbar, bietet viele Wahlmöglichkeiten, kann aber auch rasch überladen wirken und lässt oft die Handschrift der Autoren missen. *The Iron Curtain Diaries* ist ein gutes Beispiel für eine Webdoku, die auf Plänen basiert: unabhängig voneinander abrufbare Geschichten – in diesem Fall verschiedene ehemalige Grenzstädte, die man anklicken kann –, die nicht aufeinander aufbauen und so auch in einzelnen Portionen gesehen werden könnn.

3. Elastische Erzählstruktur: Von einer linear erzählten Hauptgeschichte gehen unterschiedliche Abzweigungen ab, die immer wieder zur Hauptgeschichte zurückführen. Eine klare Struktur, die Möglichkeit einer persönlichen Handschrift und damit einer deutlichen Positionierung des Autors sowie eine gute Orientierung sprechen für diese Struktur. Allerdings besteht die Gefahr, dass entweder die Linearität zu präsent oder die Dramaturgie durch die Abzweigungen zu stark unterbrochen wird. *Prison Valley* ist so aufgebaut: eine klare Hauptgeschichte, von der aus immer wieder vertiefende Abzweigungen möglich sind

4. Verzweigte Erzählstruktur: Ab einem gewissen Punkt der Erzählung kann zwischen mehreren Möglichkeiten gewählt und entschieden werden, welche Geschichte man weiter verfolgen möchte. Diese Struktur bietet den Usern viele

2 Erzählstrukturen zwischen Film und Spiel

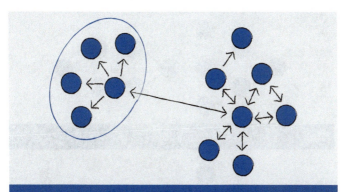
Abb. 13: Konzentrische Erzählstruktur

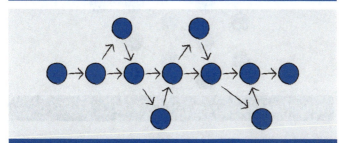
Abb. 14: Elastische Erzählstruktur

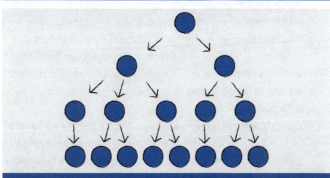
Abb. 15: Verzweigte Erzählstruktur

F Dramaturgie der Webdoku

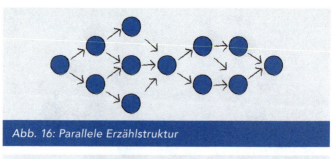

Abb. 16: Parallele Erzählstruktur

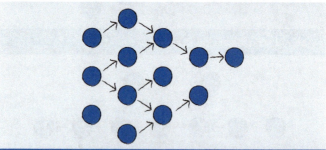

Abb. 17: Erzählen in Kanälen

Optionen, bedeutet damit aber auch viel Arbeit für den Autor bzw. Regisseur – viel Arbeit an Material, das letztlich wahrscheinlich nur von wenigen Usern vollständig gesehen wird. Ein Beispiel für diese Struktur ist *Voyage au Bout du Charbon*, eine Webdoku aus dem Jahr 2008 der Produktionsfirma honkytonk im Stil eines Serious Game, bei der man als Journalist die Lebensumstände chinesischer Kohlearbeiter erforschen kann.

5. Die parallele Struktur funktioniert ähnlich wie die verästelte Struktur, bringt die User aber immer wieder an bestimmte gemeinsame Knotenpunkte zurück, durch die die Geschichte voran getrieben wird. Die verschiedenen Wege, eine Geschichte zu erleben, machen sie sehr attraktiv, zudem ist

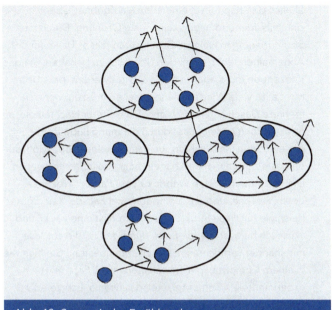

Abb. 18: Semantische Erzählstruktur

sie sehr übersichtlich. *Thanatorama*, eine Webdoku über das, was mit uns nach unserem Tod passiert, ist so aufgebaut.

6. **Erzählen in Kanälen:** Eine Geschichte wird aus verschiedenen Blickwinkeln erzählt. Eine sehr interessante Technik, bei der es aber schwierig sein kann, den User zu halten – es besteht die Gefahr der Reizüberflutung. Die Konzeption ist für die Gestalter von Webdokus sehr anspruchsvoll, allerdings kann mit dieser Art der Erzählstruktur auch ein besonderer Spannungsaufbau gelingen. *Gaza/Sderot* und *The Last Hijack* sind gelungene Beispiele für diese Struktur.

7. **Semantische Struktur:** Die Struktur besteht aus unterschiedlichen, in sich geschlossenen Geschichten, die mehrere Eingangs- und Ausgangspunkte haben können. Sie sind

ähnlich den Kapiteln in einem Buch aufgebaut, aber durchlässiger und haben keine feste Ordnung. Durch die Strukturierung in kleinere Geschichten fällt es Usern im Allgemeinen recht leicht, den Überblick zu behalten. Bei der Konzeption muss aber darauf geachtet werden, dass User nicht allzu viele Wiederholungen sehen müssen, wenn sie mehrere Geschichten verfolgen. Ein weiterer Nachteil dieser Struktur kann es sein, dass durch die mangelnde Beziehung der einzelnen Geschichten zueinander keine große Motivation besteht, sich mehr als nur ein paar von ihnen anzusehen. Die wunderbare kleine Webdoku *Soul Patron*[269] von Frederick Rieckher und das Computerspiel *Façade*[270] sind gute Beispiele für diese Struktur. *Soul Patron* ist eine visuell und akustisch herausragende Reise durch Japan, die aus lose miteinander verflochtenen Geschichten besteht, die man wie in einem Computerspiel freischalten muss. *Façade* ist ein experimentelles Computerspiel, das Drama, Echtzeit-3D-Welten und Hyperlink-Erzählung mit interaktivem Verhalten der Spielcharaktere mischt und das auf den Techniken künstlicher Intelligenz basiert

Man sieht anhand dieser Strukturen schon, wie sehr sich die Rolle des Autors verändert hat: Es geht mittlerweile mehr darum Welten zu erschaffen, in denen sich User auf unterschiedliche Art bewegen können, und nicht mehr darum, Geschichten zu erzählen, die ein Publikum einfach konsumiert.

F3 INTERAKTIVITÄT: DIE BEZIEHUNG ZWISCHEN AUTOR UND PUBLIKUM

Für manche – wie etwa für Douglas Adams, Autor der Science-Fiction-Reihe *Per Anhalter durch die Galaxis* – ist Interaktivität die eigentlich natürliche Art der Mediennutzung. Linearer Film mit seiner passiven Nutzungsart stelle nur einen seltsamen Irrweg der jüngeren Geschichte dar: „the reason we suddenly need such a word (interactivity) is that during this century we have for the first time been dominated by non-interactive forms of entertainment: cinema, radio, recorded music and television. Before they came along all entertainment was interactive: theatre, music, sports – the performers and audience were there together, and even a respectfully silent audience exerted a powerful shaping presence on the unfolding of whatever drama they were there for. We didn't need a special word for interactivity in the same way that we don't (yet) need a special word for people with only one head".[272]

Auch für den britischen Regisseur Peter Greenaway[273] ist es offensichtlich, dass Kino, wenn es denn überleben will, interaktiv werden und sich als ein Teil des multimedialen kulturellen Abenteuers begreifen muss.

Doch auch wenn zu bezweifeln ist, dass linearer Film vor seinem baldigen Ende steht: Wer im Internet Erfolg haben möchte, sollte

F Dramaturgie der Webdoku

es jedenfalls nicht bloß als alternative Abspielstation oder als neuen Fernsehkanal interpretieren – die Besonderheiten des Mediums müssen in die Gestaltung und Präsentation der Inhalte einbezogen werden. Und eine Geschichte, die im Fernsehen erfolgreich ist, ist nicht unbedingt auch für das Internet geeignet.

Das Team der Storytelling-Plattform *Zeega* vergleicht die Bedeutung interaktiver Elemente für die Erzählung mit der des Schnitts im klassischen Dokumentarfilm: „If you're telling an interactive story, you have to think about narrative in a completely different way. Just like telling a story for radio is totally different than telling a story for television. Interactivity becomes part of the narrative – it's another sense that you can use and engage while telling a story – the challenge is to see that as a narrative device, rather than something that is extra/added on later. Storytellers need to approach interaction just like they approach an edit – it's another part of telling the story."[274]

Interaktivität verändert die Rolle des Zusehers: Er wird aus seiner scheinbar passiven Haltung geholt und – zumindest zum Teil – Akteur und Mitgestalter. Der Zuseher wird zum *Internaute* oder *User*. Und dadurch verändert sich auch die Rolle des Autors (und noch mehr die der Regie) zugunsten der Beziehung mit dem User und der Interaktion des Users mit dem Projekt.

Denn Dramaturgie, insbesondere im Dokumentarfilm, ist immer auch Beziehungsarbeit: Beziehung der Gestalter zu den Protagonisten, Beziehung zur Technik, zum Team und letztlich auch Beziehung zum Publikum: „Recherche, Bildsprache, Tonebenen oder Interviewstrategien bestimmen genauso die Dramaturgie eines (Dokumentar-)Films wie eine richtige Exposition, Schnittrhythmus oder die herzustellende Identifikation des Zuschauers mit Thema und/oder Protagonisten", wie Filmemacher Thomas Schadt feststellt.[275]

Dieser Aspekt und dessen Ausgestaltung werden in der Webdoku besonders bedeutsam.

3 Interaktivität: die Beziehung zwischen Autor und Publikum

> „Interactivity presents new formal opportunities to tell stories. It presents new aesthetic potential. It presents new ways to connect with audiences. It provides new opportunities to creatively interpret and reflect reality. For interactivity to thrive and grow as an extension of a documentary filmmaking practice, the filmmaker must also consider the ways in which interaction itself can contribute to the creative treatment of actuality."[271] (Jason Brush, Executive Vice President of Creative and UX von Possible)

Elaine McMillion, die Regisseurin der Webdoku *Hollow*, schildert ihre Erfahrungen mit den Unterschieden zwischen klassischer und interaktiver Dramaturgie wie folgt: „As a linear filmmaker I've never had to think about user experience. You craft the one user experience and you edit those arcs and those moments where you're hoping people will laugh or cringe. But with this type of project where people can come at the narrative from all different directions you have to think through all these different pathways … I learned about storytelling in a lot of different forms beyond just delivering short films. So we really tried to cater to the two audiences: the audience that wants to sit back with the short films and just listen to the story, and those who wanted more interactivity – although for both groups we also provided an experience before you dive into the video content that tells you about the person, with some context that sort of creates an environment with sound and image, so that people feel compelled to watch it."[276] Um die Beziehung von Autor und Publikum, die Beziehung von Publikum und Webdoku erfolgreich zu gestalten, um also interaktive Dramaturgie erfolgreich umzusetzen, muss es gelingen, nicht nur eine einzelne Geschichte, sondern ganze Welten von Geschichten zu erzeugen, innerhalb derer sich die User bewegen können. Beispiele, wie diese aufgebaut sein können, wurden im vorigen Abschnitt

F Dramaturgie der Webdoku

dargestellt. Was es braucht, um den User in diesen Welten zu halten, soll hier gezeigt werden.

Anhand der verschiedenen Modi von Interaktivität, wie sie Sandra Gaudenzi[277] in Webdokus analysiert, kann man jedenfalls die Bandbreite interaktiven Gestaltens ersehen.

Sie unterscheidet den Konversations-Modus, in dem der User als Rollenspieler eine vom Autor kreierte Welt auf scheinbar unendlich vielfältige Weise erforscht (etwa im Doku-Spiel *America's Army* von Casey Wardynski); den Hypertext-Modus, der dem User das Erforschen eines vorgegebenen Archivs auf unterschiedlichen, aber limitierten Wegen erlaubt (etwa in *Moss Landing* sowie in der Menüführung von CD-ROMs und DVDs); den partizipativen Modus, bei dem mehrere Menschen gemeinsam ein Projekt erarbeiten (etwa in *18 Days in Egypt* – der Autor hätte hier die Rolle eines Kurators), und schließlich den empirischen Modus, den wir den mobilen Medien und GPS verdanken und der digitale Inhalte in den physischen Raum transferiert: Hier ist die Rolle des Autors das Schaffen von Erlebnissen; der User wird zu einem realen Ort in eine neue Beziehung gesetzt und dieser verändert sich dadurch. (Beispiele dafür sind *Rider Spoke*[278] und *Yellow Arrow*: Bei *Rider Spoke* werden Fahrradfahrer eingeladen, an bestimmten Orten ihrer Stadt Nachrichten in Form persönlicher Geschichten für andere User zu hinterlassen, die diese Orte später passieren; *Yellow Arrow* verband Geschichten via Mobiltelefon mit bestimmten Orten: Man konnte einen gelben Pfeil mit einem speziellen Code ausdrucken, ihn an einem beliebigen Ort aufkleben und eine Geschichte zu diesem Ort auf eine Website laden – andere konnten diese Geschichte dann einsehen. Das Ergebnis des Projekts ist mittlerweile auf Flickr archiviert.[279])

F4 DIE ROLLE DES AUTORS

Anhand von Projekten wie *Everyday Rebellion*, *Highrise* oder *18 Days in Egypt* sieht man, dass Dokumentarfilm sich nicht mehr damit zufrieden geben muss, eine neue Sichtweise aufzuzeigen, einen neuen Blickwinkel anzudeuten oder Gewohnheiten in Frage zu stellen. Er kann dank der neuen Technologien Aktivismus neuerdings direkt initiieren und in seine Dramaturgie einbeziehen, kann die (Re-)Aktion des Publikums (nunmehr: der Akteure) zu einem viel konkreteren Teil der Erzählung machen, als dies bisher möglich war, und so eine Wechselbeziehung zwischen der dargestellten Wirklichkeit und unserem durch diese Darstellung inspirierten Verhalten erzeugen. Das Publikum wird zum Koautor des Films, wie es (Ko-)Autor der Welt ist, die der Film zeigt.

Webdokus können dann tatsächlich Geschichten in neuer Weise erzählen und ein neues Publikum ansprechen, sie können sogar ein wenig die Welt verändern:

Wenn man aktuelle Webdoku-Projekte ansieht, etwa die des letzten i_doc workshops des Filmfestivals *Visions du Reel*, dann sieht man, dass die Gewichtung zurzeit deutlich in Richtung transnationale und kollaborative Projekte geht und hier die spezifischen Vorteile des Internets dezidiert genutzt werden.

Trotzdem muss vor zu großer Begeisterung, was die Möglichkeiten interaktives Erzählen betrifft, gewarnt werden. Denn so unwahrscheinlich es angesichts des vor Inhalten überquellenden Internets wirkt, scheint das Pareto-Prinzip auch hier wirksam zu sein: dass nämlich 20 Prozent aller Menschen für 80 Prozent aller Aktivitäten verantwortlich sind.

F Dramaturgie der Webdoku

Die davon abgeleitete Ein-Prozent-Regel beschreibt das 90-9-1-Prinzip der Interaktivität. Es besagt, dass 1 Prozent der User Inhalte produziert, 9 Prozent diese modifizieren und 90 Prozent diese lediglich ansehen (90% Lurkers, 9% Contributors, 1% Creators)[281]. Diese Regel trifft zwar auf Communities zu, nicht generell auf „das Internet" – trotzdem ist es angeraten, von einem unterschiedlich intensiv ausgeprägten Bedürfnis nach Aktivität auszugehen und eine Webdoku auch mit unterschiedlichen Ebenen möglicher Teilnahme auszustatten, die allen Usern gerecht werden.

Denn auch wenn Videospiele und Filme sich einander annähern, wenn Spiele immer filmischer werden, die Geschichten komplexer, die Grafik und die Musikscores anspruchsvoller, und auch wenn Webdokus eine der Spielearchitektur entlehnte Erzählstruktur erhalten, muss man die unterschiedlichen Nutzerbedürfnisse berücksichtigen. Während die einen großes Interesse an Interaktivität haben, ist dies bei anderen oft gering. „When people tell me stories from their gaming experiences they don't describe the cut scenes ... They have no investment in those, because they didn't create them", erzählt Spieledesigner Will Wright[282]. Carsten Görig, Experte für Neue Medien, beklagt, dass Spiele dazu neigen, viel zu wenig offen zu lassen, immer alles zeigen zu wollen und so den Spieler zu entmündigen.[283] – Beides Meinungen, die ein eher starkes Interesse an Interaktivität erkennen.

Der Autor darf sich dennoch nicht zu sehr zurückziehen und darf nicht zu viele Entscheidungen an die User abgeben. Der Verzicht auf Autorenschaft und klare Handschrift ist zum Scheitern verurteilt. Das mussten auch die idealistischen Verfechter des Hypertextjournalismus[284] in den Anfangszeiten des WWW feststellen, die im Sinne einer Demokratisierung hofften, dass Beiträge, die quasi neutral über Hyperlinks zusammengehalten wurden ohne eine von einem „erhabenen" Autor vorgegebene Struktur erfolgreich sein könnten; dass Leser sich so aus ihrer Passivität erheben und sich zu Koautoren aufschwingen würden. Doch der Erfolg blieb aus und die Werke des

> **JEDE TECHNISCHE REVOLUTION SCHAFFT EINE PLATTFORM FÜR EINE KULTURELLE REVOLUTION.**[280]
>
> PAULO COELHO, SCHRIFTSTELLER

ZITAT

Hypertextjournalismus kann man nur noch in den Archiven u.a. der New York Times[285] einsehen.

Die Leser wollten keine Autoren sein, sie wollten zwar interagieren, aber im Rahmen; sie wollten fasziniert werden, begeistert und mitgenommen auf eine Reise – und sie wollen wissen, warum sie bestimmte Entscheidungen treffen müssen. Eine Interaktion mit der Geschichte muss einer Dramaturgie untergeordnet sein.

Der Autor ist also keinesfalls obsolet, aber er hat mittlerweile oft eine andere Funktion inne als in linearen, nicht interaktiven Medien und ähnelt manchmal mehr einem Spieledesigner als einem Buchautor. Er kann dem Publikum einen Teil der Verantwortung für die Art der Lektüre, ihrer Reihenfolge und Dauer übertragen, er kann insofern bestimmte dramaturgische Freiheiten zulassen. Anhand von Webdokus wie etwa *Insomnia* sieht man jedoch, dass diese Freiheiten sehr begrenzt sind als Teil einer klaren künstlerischen Handschrift, die keine relevanten Entscheidungen abgibt, sondern nur unterschiedliche Wege durch eine Welt ermöglicht.

Wie viel aktive Teilnahme, Partizipation und Kollaboration auch immer vom User erbracht werden soll: Die Aufgaben müssen immer klar umrissen und dramaturgisch wohl begründet sein. Sei es,

F Dramaturgie der Webdoku

dass User sich bewusst auf die Webdoku einlassen müssen wie auf einen Kinobesuch, indem sie einen (nächtlichen) Termin vereinbaren (um *Insomnia* anzusehen, müssen Interessierte sich einen Termin mit einem Protagonisten vereinbaren, bei *I Love Your Work* kauft man eine Eintrittskarte), sei es, dass User zur Mitwirkung aufgerufen werden wie in *Hollow* (wo sie entweder im Rahmen von Community-Film-Events eigene Beiträge drehten oder auf dem Blog über ihre eigenen Erfahrungen berichten) oder in *Highrise: Out my Window* (wo Highrise-Bewohner dazu aufgerufen wurden, eigene Beiträge einzusenden). Und es gibt Beispiele, in denen gar das ganze Projekt auf Beiträgen von Usern basiert, wie etwa beim Crowdsourcing-Projekt *Johnny Cash Project* (das aus Zeichnungen von Usern aus aller Welt besteht).

Hiermit nähern wir uns jedenfalls Caspar Sonnens Zukunftsvision an, derzufolge „authors will become publishers, audiences will become curators and everything will be available on demand.[286]" Film hat dabei nur die Wahl, entweder auf hohe Qualität und Exklusivität zu setzen, oder noch billiger und schneller zu sein, wenn er überleben will.

F5 DIE BEDEUTUNG DER INTERAKTION

Views, Klicks und Likes: Interaktionen sind die Währung des Internets und auch für Webdokus oft Maßstab des Erfolgs. Ihre Zuverlässigkeit und Aussagekraft ist jedoch oftmals gering: Mehr als die Hälfte der Dinge, die wir im Internet anklicken, lesen wir gar nicht, meint etwa Tony Haile, CEO der Datenanalysefirma Chartbeat[287] – wir verbringen auf diesen Seiten ganze 15 Sekunden. Ebensowenig sind *sharen* und *liken* Indizien für eine erhöhte Aufmerksamkeit gegenüber dem entsprechenden Produkt.

Chartbeat hat festgestellt, dass Menschen, die eine Seite *liken oder sharen* nicht mehr Zeit auf dieser Seite verbringen als andere. Was also bedeuten ein Klick oder ein Like und worauf muss man wirklich achten, um Publikum zu gewinnen?

Frédéric Jaeger erinnert etwa daran, dass man über all der Begeisterung für physische Interaktion nicht auf die psychologische Interaktion vergessen darf, die im linearen Film (ebenso wie im Buch) mit konzipiert ist und die in der Webdoku allzu oft vergessen wird – aus Angst vor der Flucht des Users wird dieser in eine Tätigkeit gedrängt, die ihn an allem Wesentlichen hindert. Klicken wird damit zur Ersatzhandlung, zu einer Handlungs- und Refexionsverhinderung: „Solange wir klicken, denken wir nicht", stellt er fest.[288] Mike Monelli von Campfire[289] versucht, den unterschiedlichen Umgang mit interaktiven Projekten auf drei User-Typen zu verkürzen: die *Skimmer*, *Dipper* und *Diver*. *Skimmer* sind User, die eine Seite nur mal kurz anklicken und maximal mit den Social Media interagieren, *Dipper* kommen wiederholt und beteiligen sich auch mit Kommentaren und Postings,

F Dramaturgie der Webdoku

während *Diver* begeisterte Fans sind, die sich in einem Produkt wirklich engagieren. Seiner Analyse zufolge sollte man zwar versuchen, alle drei Gruppen zu erreichen, aber der eigentliche Fokus sollte auf den *Divers* liegen, da diese letztlich auch die anderen Gruppen anziehen.

Wie User tatsächlich mit konkreten Webdokus interagieren, hat Kate Nash[290] 2014 in einer Bücherei untersucht und konnte Interessantes zutage fördern.

Ihren Beobachtungen zufolge haben sieben von 23 Nutzern der Webdoku *Bear 71* überhaupt nicht via Computer interagiert – zum Teil, weil sie nicht wussten, was sie tun sollten, zum Teil aber, weil sie es als unpassend empfanden, das Eingangsvideo zu unterbrechen. Sie waren also zum Teil überfordert von den Anforderungen, zum Teil aber so fokussiert, dass sie gar kein Bedürfnis hatten, auch noch die interaktiven Möglichkeiten der Webdoku auszuschöpfen.

Abb. 19: Bear 71 (Leanne Allison, Jeremy Mendes, CA 2012)

Doch es gab auch andere, die getreu den Freuden des Spiels – *control, immersion and performance* – versuchten, mit dem Bären in *Bear 71* Kontakt aufzunehmen; dass dies nicht möglich war, dass sie keinerlei Reaktion des Bären provozieren konnten, war eine negative Erfahrung für einige dieser User und lenkte sie vom Genuss der Webdoku ab. Ebenso frustrierend war für viele User die Tatsache, dass es oft keine Verbindung gab zwischen den Inhalten des Voice Over und den Zusatzinformationen, die man anklicken konnte. – Kohärenz und Genauigkeit ist in solchen Bereichen also von großer Bedeutung.

Wieder weitere User aber haben ganz eigene, nie intendierte Wege gefunden, mit *Bear 71*[291] zu interagieren: Eine Userin begann etwa, aus den interaktiven Elementen einen eigenen Rhythmus zu gestalten. Der Medientheoretiker Adrian Miles spricht in diesem Zusammenhang vom „affektiven Potential der Interaktion": Durch die Dehnung zwischen Wahrnehmung und Aktion kann der Moment der Entscheidung zu einem Moment der Erkenntnis werden.[292] In der Webdoku *Asylum Exit Australia*[293] kann man dies ausgezeichnet beobachten, wie Kate Nash in ihrer Untersuchung aufzeigt. In diesem Dokuspiel, das den Spieler auf die Flucht von einem chaotischen, unsicheren Land ins Exil schickt, muss man zum Beispiel den Menschen angeben, den man am meisten vermissen würde. Die Spieler, die sich bis zu dieser Frage rasch durch das Spiel geklickt haben, zögern; es setzt eine große Pause ein; und nur fünf der 22 Teilnehmer in Nashs Studie gaben den Namen dieser Person an.

Durch diesen Schritt werden die User erstmals gezwungen Stellung zu beziehen. Das Spiel bringt sie in zahlreiche weitere unangenehme Situationen: Sie müssen Schulden machen, mit zwielichtigen Menschen verhandeln, Unbekannten vertrauen. Und all dies bewirkt, dass die Spieler die Situation eines Flüchtlings ein wenig besser verstehen lernen – eine Erfahrung, die die These von Medienwissenschaftlerin und Spieledesignerin Cindy Poremba bestätigt, derzufolge dokumentarische Spiele einen Raum zwischen Wirklichkeit und Repräsentation eröffnen, der Erfahrungen anregt.[294]

Nash konnte in ihrer Untersuchung nachweisen, dass die intensivsten Reaktionen oft nicht die sofort sichtbaren sind. Es sind oft nicht die Klickraten oder die Empfehlungen, sondern die Pausen oder das Unterlassen einer Handlung, die auf ein besonders intensives Erleben hinweisen.

Sie konnte zudem zeigen, wie wichtig es ist, unterschiedliche Levels an Engagement zuzulassen und diese auch dramaturgisch gleichwertig zu behandeln.

Interaktivität ist wohl tatsächlich ein wenig wie Salz und man muss sie mit Bedacht einsetzen, wie Caspar Sonnen einmal in einem Vortrag meinte.[295]

F6 IMMERSION

Ein wesentliches Anliegen von Künstlern war es immer schon, beim Betrachter die Illusion zu schaffen, er könne sich in das Kunstwerk hineinversetzen – das Kunstwerk mit dem Betrachter in eine direkte, intensive Beziehung zu setzen, dem Betrachter das Gefühl zu geben, sich wirklich an einem anderen Ort zu befinden.

Während dies in der Malerei z. B. mithilfe der Perspektive oder des Panoramas versucht wurde, haben sich später immer mehr Medien entwickelt, die es sich zur Aufgabe gemacht haben, diese Illusion zu verbessern und zu perfektionieren. Von der Stereoskopie, dem Vorläufer der 3D-Technologie, die es ermöglichte, zwei aus leicht unterschiedlichen Winkeln aufgenommene Fotos gleichzeitig zu betrachten, über die Panoramafotografie bis hin zu den ersten „lebenden Postkarten" – den ersten dokumentarischen Kurzfilmen, die Alltagsszenen abfilmten – vergingen kaum 50 Jahre.

Von den 1920er-Jahren an experimentieren Filmemacher mit Großleinwänden, 3D und Stereo, um das Erlebnis zu intensivieren. Als Beispiel dieser Experimentiefreude bringt James Monaco[297] den Film *This is Cinerama* aus dem Jahr 1953, der eine Achterbahnfahrt, die Niagarafälle und einige andere eindrucksvolle Szenarien auf eine 146 Grad gewölbte Leinwand projiziert und der damit gewissermaßen Vorläufer des IMAX-Erlebnisses ist.

Daneben taten Wissenschaft und Kunst das Ihre, um Mensch und Technik zu verflechten: von den Planetarien, die ab den 1920er-Jahren einen weltweiten Siegeszug antraten, bis zu den Experimenten der Künstler in den 1990er-Jahren, die mit Virtual Reality und Holographie Realität und unser Bild von ihr zu verschmelzen suchten. Die gegenwärtigen Experimente mit neuen Technologien sind insofern nur eine logische Fortsetzung dieser Versuche.[298]

F Dramaturgie der Webdoku

Wie William Uricchio vom MIT so richtig in *Moments of Innovation*[299] festgestellt hat, liegt die größte Gefahr der Nutzung immersiver Medien aber darin, ihre Anwendung zu übertreiben: Denn einerseits neigen wir dazu, mit dem größten technischen Aufwand auf die kleinsten Effekte abzuzielen (wie etwa mit der App *Condition One*, die es einem erlaubt, sich mithilfe eines Tablets in einer 360-Grad-Umgebung zu bewegen) und andererseits sei das faszinierende an „immersive media technologies how profoundly we are at first moved by them, and how quickly we tire of them."
Um diesen Überdruss zu vermeiden, ist es notwendig, Techniken der Immersion so einzusetzen, dass sie nicht nur der Geschichte dienen, sondern ihre Wirkung auch möglichst unauffällig entfalten können. So unauffällig wie guter Filmschnitt.

OUR MANIPULATION OF MOVIES TODAY IS AKIN TO OUR AGE-OLD MANIPULATION OF BOOKS. AFTER ALL, THE BOOK IS A TECHNOLOGY THAT ALLOWS USERS TO STOP, START, SKIP FORWARDS AND BACKWARDS, AND PAUSE.[296]

NICHOLAS ROMBES, MEDIENWISSENSCHAFTLER

F7 DER FLOW

Immersion ist nicht an technische Spielereien gebunden, sie lässt sich auch dramaturgisch forcieren.

Für Florent Maurin etwa ist das wichtigste Qualitätskriterium einer Webdoku ihre Fähigkeit, das Publikum in ihren Bann zu ziehen. Er vergleicht den *Flow*, der entstehen sollte, mit dem eines Computerspiels, das man nur fünf Minuten spielen wollte und das man nach zwei Stunden immer noch nicht beendet hat.

Wie dies funktioniert, hat der Psychologe Mihály Csíkszentmihályi mit seinem Konzept des *kognitiven Flows* untersucht, das besagt, dass es einen direkten Zusammenhang zwischen unserer psychischen Befindlichkeit und unserer Fähigkeiten gibt, gestellte Aufgaben zu bewältigen: Ist uns eine Aufgabe zu schwer, sind wir verunsichert und geben auf, ist sie uns zu leicht, sind wir gelangweilt. Bietet sie aber den richtigen Grad an Herausforderung für unseren Kenntnisstand, geraten wir in einen Zustand des *Flow*. Dieser Zustand ist gekennzeichnet durch hohe Konzentration und ein Gefühl von Kontrolle und Sicherheit.

Wie wichtig es ist zu versuchen, diesen Zustand beim User zu erreichen, wird klar, wenn man sich daran erinnert, dass die durchschnittliche Aufenthaltsdauer auf der Seite einer Webdoku lediglich fünf bis zehn Minuten ausmacht – und wie selten es gelingt es, jemanden mehr als 20 Minuten auf einer Seite zu halten; auch wenn dort mehrere Stunden Videomaterial, aufwendige Grafik und ein wohlüberlegtes Interface warten. Wenn man bedenkt, dass Gamer zu 80 Prozent an den Aufgaben scheitern, die ein Spiel ihnen stellt[301], muss man sich fragen, warum sie trotzdem begeistert weiterspielen – und ob man diese Methoden nicht auch in der Gestaltung einer Webdoku berücksichtigen kann.

> **TODAY, I'M REALLY EAGER TO EXPLORE INTERACTIVITY AS A FORM AND TO UNDERSTAND HOW IT COULD BE USED TO THE BEST OF ITS POTENTIAL. WITH A SIMPLE AIM: TO INVENT NEW, DIFFERENT, MORE ENGAGING WAYS OF TRANSMITTING INFORMATION.[300]**
>
> FLORENT MAURIN, SPIELEENTWICKLER UND JOURNALIST

Die Befolgung der vier einfachen Grundregeln von Csíkszentmihályi könnte laut Maurin helfen, dass User leichter in eine Webdoku finden und in ihr bleiben:

1. Man muss konkrete Ziele mit klar verständlichen Regeln vorgeben: Die Struktur der Webdoku, Anzahl und Dauer der einzelnen Elemente sollten sichtbar sein. Zu viele Möglichkeiten und zu viel Information auf einmal können den User verwirren, weshalb es sinnvoll ist, Inhalte in Untergruppen zu

F Dramaturgie der Webdoku

ordnen (wie dies etwa *The Iron Curtain Diaries* oder *Here at Home* tun, indem sie die Inhalte zu Städten gruppieren). Diese Organisation sollte simpel und einfach nachvollziehbar sein.[302] Es sollten innerhalb der einzelnen Elemente nicht mehrere Information zugleich angeboten werden – das lenkt ab.

Abb. 20: *Prison Valley* (Paul Dufresne, Philippe Brault, FR 2008)

2. Nach Csíkszentmihályi gibt es zwei Gründe, aus dem Flow zu kippen: Überforderung und Langeweile (eine Aufgabe macht entweder Angst, weil sie zu schwierig ist, oder sie langweilt, eben weil sie zu trivial ist). Webdokus kämpfen im Allgemeinen eher mit dem ersten Problem. Die Aufgaben, die bewältigt werden müssen, um die jeweiligen Ziele zu erreichen, sollen also exakt den Fähigkeiten des Users entsprechen. Im Computerspiel wird dies durch unterschiedliche Schwierigkeitsgrade erreicht, durch aufeinander aufbauende Level, die man bewältigen muss. Viele Webdokus haben sich mittlerweile mit dem Thema befasst und sind gleichsam in unterschiedlichen Schwierigkeitsgraden spielbar. *Prison Valley* ist ein hervorragendes Beispiel zur Illustration dieses Aspektes: Es existiert auf dem Einstiegslevel als einfach zu konsumierender linearer Fernsehfilm, auf dem nächsten Level als interaktives Webprogramm, in dem

der User denselben Film sehen kann, aber zugleich Zugang zu vertiefenden Untermenüs erhält. Und als das Projekt online ging, gab es als spezielles Menü für sehr engagierte User noch die Möglichkeit zu Online-Chats mit den Autoren und Protagonisten der Webdoku. Auch Lena Thieles *Netwars* funktioniert nach diesem Prinzip.

3. Klares, relevantes Feedback ist ein weiterer wichtiger Aspekt: Die User müssen wissen, welche Inhalte sie schon gesehen haben und optimalerweise auch, wie viel von der gesamten Webdoku sie jeweils bereits kennen. Die Le-Monde-Produktion *Vies de Jeunes*[303] zeigt hier ein ebenso simples wie elegantes Feedbackmodell, indem die gesehenen Clips einfach entsprechend markiert werden.
4. Alles, was von der eigentlichen Geschichte ablenken könnten, muss reduziert werden: Es sollten die Videos in hoher Qualität geboten werden, aber es sollte zu keinen allzu langen Ladezeiten kommen, Banner sollten vermieden, Vollscreenmodus ermöglicht werden und das Interface sollte so zurückhaltend wie möglich programmiert sein – bei inaktiver Maus optimalerweise sogar verschwinden. *Bear 71* etwa ist eine Webdoku, der all dies ausgezeichnet gelungen ist.

Die Gültigkeit dieser Regeln lässt sich sehr einfach beobachten: Der Leiter des Multimediaressorts beim Spiegel, Jens Radü, berichtet etwa von steigenden Klickraten, nachdem man begonnen hatte die einzelnen Teile einer Multimedia-Reportage durchzunummerieren (und die Nutzer also wussten, welche Teile sie schon gesehen hatten und wie viel sie noch erwartete). Ebenso stieg die Durchklickrate, als man im Stil klassischer Cliffhanger dazu überging, am Ende eines Teiles eine kurze Vorschau auf den nächsten Teil zu bieten.[304]

FALLSTUDIEN: BEISPIELE INTERAKTIVEN ERZÄHLENS

G1 **166**
Die Webdoku als Essay

G2 **170**
Datavisualisierung und der reflexive Modus der Webdoku

G3 **173**
Der beobachtende Modus

G4 **177**
Webdoku als interventionistische Medienarbeit

G5 **184**
Webdoku als Edutainment und Infotainment

G6 **196**
Kollaborative Webdokus

G Fallstudien: Beispiele interaktiven Erzählens

Mittlerweile im zweiten Jahrzehnt ihrer Entwicklung angelangt, sind Webdokus von einem scheel beäugten Außenseiterimage zu einem fixen Bestandteil der Medienwelt geworden.
Webdog, Prison Valley und *Fort McMoney* sind drei von Arte produzierte Formate, die gut verdeutlichen, welche inhaltliche und formale Bandbreite diese mittlerweile angenommen haben.
Webdog ist eine sparsam gestaltete, charmante und einfühlsame Untersuchung der Beziehungen des Menschen zu seinem besten Freund in Form von Kurzfilmen. *Prison Valley* hingegen ist eine komplexe und umfangreiche, ausgezeichnet recherchierte und politisch brisante Webdoku über das amerikanische Gefängnissystem und dessen Auswirkung auf die Gesellschaft. *Fort McMoney* schließlich zeigt sich als Mischung aus Dokumentarfilm und Computerspiel, das den Entwicklungen der kanadischen Ölindustrie auf den Grund geht. Alle drei Arbeiten zeichnen sich aber, so wie die anderen hier vorgestellten, durch ein klares visuelles Konzept aus und durch den gelungenen Versuch, im filmischen Erzählen neue Wege zu gehen.
Im Folgenden werden weitere besonders prägnante, einflussreiche oder innovative Webdokus präsentiert, um so die erzählerischen und gestalterischen Möglichkeiten sowie die unterschiedlichen Zugänge und Ansprüche des neuen Formats genauer darstellen zu können.
Bei der Auswahl wurden sowohl Pioniere des Genres, die wie etwa Florian Thalhofer, Katerina Cizek oder Jonathan Harris erstmals bestimmte Erzählformen ausprobierten, mit ihren Arbeiten neue Wege beschritten und so vielen Nachfolgeprojekten Vorbild waren, sowie besonders typische Beispiele für einen bestimmten Zugang ausgewählt, um so einen repräsentativen Einblick in das Genre gewinnen zu können.
Ich bediene mich bei der Beschreibung dieser Wedokus Bill Nichols klassischer Kategorisierung der Dokumentarfilme, die – im Unterschied zur mehr auf die Rolle des Autors fokussierenden Sichtweise von Erik Barnouw[306] – sehr hilfreich ist, um die komplexeren Beziehung von Autor, Text und Publikum auch in Webdokus zu erfassen.

> **EIN FILM IST SCHWER ZU ERKLÄREN, WEIL ER LEICHT ZU VERSTEHEN IST.**[305]
>
> CHRISTIAN METZ, FILMTHEORETIKER

Nichols[307] unterscheidet folgende sechs Modi des Dokumentarfilms in der Reihenfolge ihrer Entstehung:

Der poetische Modus betont den visuellen und akustischen Rhythmus, hebt Muster und Form des Films hervor und interpretiert Filminhalte subjektiv. Der expositorische Modus spricht das Publikum direkt an und lässt den Filminhalt üblicherweise von einer omnipräsenten, objektiven Stimme erzählen; der Schnitt dient der Beweisführung.

Der beobachtende Modus entspricht der Fliege-an-der-Wand-Ästhetik des Direct Cinema und versucht, unauffällig zu beobachten ohne in das Geschehen einzugreifen. Der teilnehmende Modus rückt die Interaktion des Filmemachers mit seinen Akteuren in den Vordergrund – Interviews werden besonders wichtig. Der reflexive Modus lenkt die Aufmerksamkeit auf die Konventionen des Filmemachens selbst und möchte dem Publikum ein Verständnis für die Funktionsweise von Film vermitteln. Der performative Modus betont das Engagement des Filmemachers gegenüber dem Subjekt seines Films, er ähnelt dem teilnehmenden Modus, legt aber mehr Wert auf eine subjektive Interpretation.

G Fallstudien: Beispiele interaktiven Erzählens

G1 DIE WEBDOKU ALS ESSAY

Der poetische Modus

Webdog, eine Webdoku über Menschen und ihre Hunde, ist ein Beispiel für eine besonders schlicht gestaltete, auf das dramaturgisch Wesentliche konzentrierte Umsetzung. In 14 Clips erzählen verschiedene Menschen von Rocky, Cookie und Elvis und Co., beschreiben, was ihre Hunde ihnen bedeuten, wie sie mit ihnen leben und für sie kochen. Man sieht der Arbeit den beruflichen Hintergrund der Gestalter an: Julien Cernoborl kommt vom Radio, Pierre Morales ist Fotograf. Und so sind die 14 Clips von *Webdog* teils Fotografien zu einem im Off aufgenommenen Interview, teils angeschnittene Videointerviews, unterbrochen von Stills, immer einfühlsam und nie aufdringlich gefragt, immer ausdrucksstark fotografiert, immer mit durchdacht eingesetzten Sounds. Eine feine Studie über Liebe, Einsamkeit, Verletzungen, Enttäuschungen, Freundschaft und Loyalität, die sich dank ihrer Einteilung in kurze Häppchen auch gut unterwegs ansehen lässt.
Die Möglichkeiten für den User sind beschränkt: Man kann die Clips in beliebiger Reihenfolge anwählen und kommentieren – das war es dann auch schon. Aber das genügt hier nicht nur, es passt auch perfekt zum Thema.
The Last Hunt, eine Webdoku von Alexi Hobbs und Jeremy Mendes aus dem Jahr 2013, war ursprünglich als linearer Dokumentarfilm geplant, doch es wurde zu einer interaktiven Geschichte über Familie,

> **REALITY ITSELF HAS TO BE RE-ARRANGED TO MAKE SENSE OF OUR WORLD.**[308]
>
> LECH KOWALSKI, FILMEMACHER UND MEDIENKÜNSTLER

ZITAT

Natur, Leben und Sterben. Das Projekt erzählt in Fotografien, Zeichnungen, einer animierten Passage und einem scrollbaren Text vom Großvater des Autors, begleitet ihn auf seiner vielleicht letzten Jagd, erinnert sich und nimmt Abschied.

Das Projekt ist von bezaubernder Schlichtheit, ähnelt fast mehr einer Multimediareportage als einer Webdoku – erinnert auf durchaus positive Weise ein wenig an Diaabende bei guten Freunden und ist auch als App erhältlich.

Camera War des New Yorker Filmemachers Lech Kowalski ist ein Beispiel für ein sowohl inhaltlich als auch strukturell komplett offenes Webprojekt. Es erschien erstmals am 29.9.2008 und jeden Montag wurde von Kowalski ein neuer Clip in je anderer Länge hochgeladen. Nach 79 Clips wurde das Projekt für beendet erklärt. Inhaltlich spannen die Clips einen weiten Bogen von Filmfestivals bis zur Finanzkrise, von Haustieren zu Abendessen. Das Publikum konnte – und kann – die Clips nach Gutdünken in beliebiger Reihenfolge ansehen, kommentieren und auch eigene Filme einsenden.

Kowalski versuchte mit seinem Experiment, ausgehend von seiner Person, seinem Leben und dessen Bezug zu seinen Filmen, neue Wege des filmischen Erzählens zu gehen. Er lässt die Kamera seinen Alltag begleiten, filmt Tischgespräche, Monologe von Freunden, spielende Katzen und stellt auch mal eine Bewegung wie Slow Food vor.

G Fallstudien: Beispiele interaktiven Erzählens

Alles in allem schrammen seine Clips einige Male hart an der Qualität von Homemovies vorbei und offenbaren die grundsätzliche Schwäche eines allzu offenen Projekts: Es erscheint manchmal willkürlich und mitunter sogar langweilig.

Doch so wird *Camera War* in einem bestimmten Sinn der Dynamik des Internets gerecht und lässt sich als anarchische Allegorie auf die Beliebigkeit einer klassischen Google-Suche lesen.

Für Kowalski scheint es auch genau das zu sein, was er von seinem Projekt erwartete: „The Internet is splintered and unruly. You Google a subject and something else catches your eye, you end up googling something new, unrelated, and make more discoveries and then google something else and suddenly an hour has gone by and you have been on a journey, a narrative that can't be explained. This is changing people … It's another form of being, closer to the brain than the physical body."[309]

Kowalski ließ diesem Webprojekt später zwei weitere folgen, die kollaborative Webdoku *Besider* und *Cuts* über das Palais de Tokyo, und verwendete deren Kapitelstruktur ab dann auch in seinen linearen Dokumentarfilmen.

Bear 71 aus dem Jahr 2012 von Leanne Allison und Jeremy Mendes erzählt mithilfe der Bilder von Überwachungskameras die Geschichte des Bären Nummer 71 im kanadischen *Banff National Park* vom Moment seiner Markierung bis zu seinem gewaltsamen Tod.

Das Projekt besteht aus einem 20-minütigen Film über Bär 71, der automatisch startet, sobald die Homepage aufgerufen wird. Er erzählt vom Leben in einer Wildnis, die es nicht mehr gibt und darüber, was die Nähe der Menschen für die Tiere bedeutet, die mit diesem Umstand umgehen müssen. *Bear 71* wird von der kanadischen Schauspielerin Mia Kirschner gesprochen und berichtet davon, „where the wired world ends and the wild one begins", wie es im Intro heißt. Visualisiert wird dies mit den Bildern aus den Überwachungskameras und einem Plan des Nationalparks, in dem man die Markierungen der überwachten Tiere, die sich durch den Park bewegen, sieht.

1 Die Webdoku als Essay

Wenn man mit der Maus über die markierten Tiere und Menschen fährt, zeigt sich – ohne die Erzählung zu unterbrechen – ein kleines Bild aus der entsprechenden Überwachungskamera. Der User kann auch die eigene Webcam und das eigene Mikrofon freischalten und so selbst zum Teil der Webdoku werden, zu einer weiteren kleinen markierten Einheit.

Die Filmclips aus der Überwachungskamera, die es zu jedem markierten Tier im Plan des Nationalparks gibt, lassen sich vergrößern und enthalten Detailinformationen zu Ort, Datum und Zeitpunkt der Aufnahme. Zudem lassen sich auch Hintergrundinformationen über die jeweilige Tierart, ihre Lebenserwartung und ihre Verbreitung abrufen.

Bear 71 ist wahrscheinlich eines der beklemmendsten und innovativsten Projekte über unsere Gesellschaft des Datensammelns und der Überwachung. Und über die mittlerweile völlige Abwesenheit unberührter Natur und anonymer Rückzugsorte: „The story is about a collection of data and moments – there's CCTV cameras in every city, and it's essentially about us", wie Filmemacher Jeremy Mendes es formulierte.

G Fallstudien: Beispiele interaktiven Erzählens

G2 DATAVISUALISIERUNG UND DER REFLEXIVE MODUS DER WEBDOKU

Es braucht nicht immer eine Kamera, um einen Film zu machen und in jedem Fall braucht es keine Kamera, um eine Webdoku zu machen. Webdokus wie *We feel fine* oder *Out of Sight, Out of Mind* verwenden als Rohmaterial Informationen, Texte oder Bilder u.a. aus dem Internet und visualisieren diese Daten.
Bei *Out of Sight, Out of Mind* von Wesley Grubbs, dem Gründer von Pitch Interactive[310], werden, basierend auf den Untersuchungen des *Bureau of Investigative Journalism*,[311] die Daten der seit 2004 stattfindenden Anschläge unbemannter US Drohnen auf Ziele in Pakistan verwendet – Ort, Datum, Zahl und Art der Opfer (Zivilisten, Kinder, diverse (männliche Opfer, die von der US Administration automatisch als mögliche Kämpfer eingestuft werden) und *High Profile Targets* sind die Kategorien, in die die Opfer eingeteilt sind) sowie Informationen über das Ziel der jeweiligen Operation werden verwendet, um die Konsequenzen dieser Luftanschläge und die Dimensionen der sogenannten Kollateralschäden zu verdeutlichen: von mehr als 3.000 Toten, die in den letzten 10 Jahren diesen Angriffen zum Opfern gefallen sind, waren gerade einmal 1,5 Prozent die eigentlichen Zielpersonen, die *High Profile Targets* – keine Rede also von präzisen Eingriffen ohne Nebenwirkungen. Grubbs und Pitch Interactive

2 Datavisualisierung und der reflexive Modus der Webdoku

Abb. 21: Out of Sight, Out of Mind (Wesley Grubbs, US 2013)

gelingt es mit *Out of Sight, Out of Mind* mithilfe schlichter und übersichtlicher grafischer Umsetzung die erschreckenden Dimensionen dieser Taten zu veranschaulichen.

Ganz anders geht *We feel fine* des Medienkünstlers Jonathan Harris und des Computerspezialisten Sepandar Kamvar vor. Harris bemerkte, wie Menschen plötzlich überall im Netz persönliche Information hinterliessen, Fotografien, Gedanken, Gefühle – digitale Fussspuren, die Geschichten erzählten. Er begann, ein Programm zu entwickeln, das diese Spuren analysieren konnte.[312]

Daraus entstand *We feel fine* – eine Webdoku, die seit 2005 Gefühle sammelt – sprich: Blogeinträge, die die Phrase *i feel* oder *i am feeling* enthalten und diese neu anordnet. Auf diese Weise werden täglich etwa 15.000 neue Gefühle gesammelt – über 13 Millionen sind es zurzeit. Webdoku, Kunstprojekt oder „search engine for human emotions", wie der Künstler selbst sein Projekt nennt, in jedem Fall eine faszinierende Suchmaschine, die unter verschiedenen Oberflächen die Suchergebnisse automatisch organisiert und als klickbare Punkte, als Fotos oder in Zahlen und Verteilungen zur Verfügung stellt. So lässt sich erforschen, wie Einsamkeit aussieht oder welche die traurigsten und glücklichsten Städte der Welt sind. *We feel fine*

G Fallstudien: Beispiele interaktiven Erzählens

hat Maßstäbe gesetzt – unter anderem durch die spezielle Nutzung des Internets, das *Harvesting*, die quasi automatisierte Kollaboration: „*We feel fine* ventures into a new creative territory – sculpting social media data to create what we might call a Living Documentary."[313]
Einen anderen Weg, sich mit den Bedingungen des eigenen Schaffens auseinanderzusetzen hat *48 Hour Games* von Suvi Andrea Helminen aus dem Jahr 2012 gefunden. Die Webdoku handelt von der *2011 Nordic Game Jam*, einer Veranstaltung, bei der sich jedes Jahr zahlreiche Programmierer, Grafiker und Designer treffen, um innerhalb von 48 Stunden ein Videospiel zu entwickeln.
Helminen beschreibt ihre Vision so: „When I applied to film school in 1999, I wrote that I wanted to do a 'Choose Your Own Adventure' documentary. But that was before YouTube or anything, so the technology wasn't there to do it. After I filmed 48 Hour Games, I just woke up one morning and knew that was what I was going to do."[314]
„The world's first feature lenght interactive documentary", wie es auf der Homepage heisst, ist aufgebaut wie ein Computerspiel. Die Webdoku begleitet einige Teilnehmer dieser Veranstaltung und der User, der sich auch über Facebook einloggen kann, muss während des Films immer wieder Entscheidungen treffen, wie der Film, den er sich gerade ansieht, weitergehen soll: wen er begleitet, welchen Raum er nun besuchen will, was ihn als nächstes interessiert. Durch diese Entscheidungen werden Punkte in verschiedenen Kategorien wie Sound, Brain, Keyhole etc. erobert, und wenn man eine bestimmte Punkteanzahl erreicht hat, wird Bonusmaterial freigeschaltet. Auch lassen sich zu diversen Charakteren und Situationen zusätzliche Informationen laden und der Film kann durchgehend kommentiert werden.

G3 DER BEOBACH- TENDE MODUS

Mit *I Love Your Work*, einer Webdoku aus dem Jahr 2013, versuchte Jonathan Harris einen neuen Weg der Finanzierung und der Zugangsregelung: Als Antwort auf die Gratiskultur des Internets und der ständigen Verfügbarkeit hat Harris den Zugang zu dem Projekt auf zehn Personen pro Tag beschränkt und lässt zudem jeden Besucher ein Ticket für 10 USD lösen, das einen 24-Stunden-Zugang zur Webdoku ermöglicht. *I Love Your Work*, ein streng konzipiertes Portrait von neun Frauen, die in unterschiedlichen Rollen – als Darstellerinnen, Produzentinnen und Kamerafrauen – Lesbenpornos machen, besteht aus 2.202 Clips von je zehn Sekunden Länge, die in Intervallen von fünf Minuten an zehn aufeinanderfolgenden Tagen aufgenommen wurden. Harris wollte sich mit der populärsten Industrie des Internets befassen und so verdankt sich auch die Cliplänge von zehn Sekunden der üblichen Cliplänge einer Vorschau auf Pornofilme. Harris beschreibt die Clips als „fractured windows into the realities of those who produce fantasies – they are partially teasers for porn, but primarily teasers for life".

Die Webdoku wirft einen äußerst ungewöhnlichen Blick auf ein medial sehr präsentes Thema: Starke, unabhängige, eloquente und selbstbewusste Frauen präsentieren hier eine Industrie, die üblicherweise als ausbeuterisch und schmuddelig wahrgenommen wird. Durch die strenge Struktur der Zehn-Sekunden-Clips entsteht nie das Gefühl, über die Protagonistinnen verfügen zu können, ihnen zu nahe zu treten oder Grenzen zu überschreiten. Durch die große Bandbreite an Situationen, in denen sie aufgenommen werden,

G Fallstudien: Beispiele interaktiven Erzählens

kommt man ihnen aber auf andere Weise nahe und findet sich immer wieder mit dem eigenen Voyeurismus konfrontieren.
Die Clips sind in einer Tapete bzw. einer Timeline nach Tagen strukturiert und man könnte sie theoretisch vom ersten Tag, 10:10 Uhr morgens, bis zum letzten Tag, 2:45 nachts, in einem ansehen. Oder sich einfach quer durchsehen, manche Tage genauer, manche weniger genau erforschen, das Leben einer Frau besser, das einer anderen weniger gut kennen lernen.
Den besonderen Reiz dieser Arbeit sowie der Webdoku *We Feel Fine* macht sicher aus, dass sie nicht nur als reine Internetprojekte konzipiert sind, sondern sich auch mit spezifischen Internet-Phänomenen auseinandersetzen – mit Social Networks bzw. Internetpornographie.
Anhand dieser beiden Arbeiten ist auch zu sehen, dass es nicht immer eine mitreißende dramaturgische Struktur braucht, um dem User eine eindrucksvolle Erfahrung zu bieten – gut ausgewählte Protagonistinnen, ein sehr klares Konzept und eine Aufbereitung, die dem Thema entspricht, reichen aus, um User für Stunden an eine Webdoku zu fesseln.
The Whale Hunt, ein weiteres Projekt von Jonathan Harris, ist ein Photo-Essay aus dem Jahr 2007, für den Harris neun Tage lang die Familie Patkotak bei ihrer traditionellen Waljagd begleitete. Er schoss mindestens alle fünf Minuten ein Foto, in speziellen Momenten wie dem Zerlegen des Wals entsprechend mehr – die Frequenz der Fotos stand im Zusammenhang mit seinem Herzschlag. *The Whale Hunt* ähnelt oberflächlich einer schlichten Multimedia-Reportage, aber sie entfaltet bei näherer Betrachtung ein ausgeklügeltes Interface, durch die eine höchst komplexe Struktur und eine enorme Datenmenge intuitiv steuerbar werden. Man kann sich anhand des Herzschlags durch die Daten navigieren, über den Farbton der Bilder, über Bildinhalte, Protagonisten – die Beziehungen, in der die Bilder zueinander stehen, sind mannigfaltig, die Subgeschichten, die dadurch entstehen, faszinierend. Und das Interface wird diesen Beziehungen in seltener Weise gerecht. Harris erzählt hier mit den Mitteln des Computers (Verschlagwortung, Sortierung, Kategorisierung) eine zutiefst menschliche Geschichte.

3 Der beobachtende Modus

Abb. 22: *The Whale Hunt (Jonathan Harris, US 2007)*

Abb. 23: *Gaza Sderot (Alex Szalat, JoëlRonez, Susanna Lotz, FR 2008)*

A Journal of Insomnia, basierend auf einer Idee von Hugues Sweeney und 2013 umgesetzt von Bruno Choiniere, Philippe Lambert, Thibaut Duverneix sowie Guillaume Braun, ist eine Webdoku über die Schlaflosigkeit mit einem sehr besonderen Konzept. Man lernt mittels kurzer Portraits einige Schlaflose kennen, vereinbart einen Termin zur

Nachtstunde mit einer dieser Personen und begleitet sie dann durch ihre Schlaflosigkeit. Das klassische Sitzen alleine vor dem Computer der vielen Schlaflosen dieser Welt, das nächtliche Surfen im Internet wird mit den Erzählungen der schlaflosen Protagonisten in einer Weise zusammengeführt, die das Ausmaß des Wunders aufzeigt, das uns diese neue Erzählform immer wieder gönnt.

Die israelisch-palästinensisch-französische Webdoku *Gaza/Sderot* von Susanna Lotz, Joël Ronez und Alex Szalat aus dem Jahr 2008 handelt vom Alltagsleben der Menschen in den beiden Grenzstädten Gaza in Palästina und Sderot in Israel. Für die Webdoku wurden über einen Zeitraum von 60 Tagen – vom 20.10 bis zum 20.12.2008 – täglich zwei Filme zu je zwei Minuten hochgeladen, die einen kurzen Einblick in das Leben einiger Bewohner auf beiden Seiten der Grenze bieten. Die Filme sind in fünf Sprachen untertitelt (Französisch, Deutsch, Englisch, Arabisch und Hebräisch), sind über eine Timeline abrufbar und können in beliebiger Reihenfolge angesehen werden. Das Projekt wurde von Arte unterstützt und sollte ursprünglich auch als Fernsehserie ausgestrahlt werden. Die Entscheidung des Senders, mit dieser Produktion ein *Internet-only*-Experiment zu starten, erwies sich aber als überaus erfolgreich, wie Arik Bernstein, einer der verantwortlichen Produzenten, feststellt:: „It opened up a new world to us as filmmakers. Instead of producing for a specific broadcast slot, we suddenly had the feeling that we were doing something that people could see all over the world all the time."[315]

Die Seite wurde sowohl durch Arte als auch diverse Medienpartner beworben und erreichte auf diese Weise zahlreiche User, die jeweils etwa acht Minuten online blieben.

Die User konnten die Blogs der Filmemacher einsehen, kommentieren und anhand der Pläne beider Städte auch die Protagonisten genauer verorten.

Das Projekt endete am 23.12.2008 – vier Tage später bombardierte Israel Gaza. Die Userraten stiegen daraufhin um 300 Prozent und über die Webdoku wurde sogar auf CNN und im Time Magazine berichtet.

G4 Webdoku als interventionistische Medienarbeit

Der performative Modus

Infolge der technischen Weiterentwicklung der Medien sind diese nicht länger ein Instrument hochprofessioneller Spezialisten, die das Medium beherrschen, sondern es gibt eine immer stärker werdende Teilhabe anderer Gruppen. Es geschieht eine Hinentwicklung zu flacheren Hierarchien, vom Professionalismus zum Dilettantismus, von der Elite zur Masse. Immer war dieser Schritt auch ein politischer, der das Machtgefälle ebnen sollte.

Insbesondere im Film ist diese Entwicklung höchst augenfällig. Mit Kodaks Brownie wurde das Fotografieren Anfang des 20. Jahrhunderts zu einem Breitensport, mit Vertov sollte es auch das Filmen werden. Seiner Ansicht nach stand die Wahrnehmung über das menschliche Auge immer unter Einfluss – erst die Kamera könne die Welt so sehen, wie sie wirklich ist. Und so rief er die Massen auf, Kameras zu nehmen und alles um sie herum zu filmen – ein Ansinnen, das dank Handykameras mittlerweile umgesetzt werden konnte.

Gegen Ende der 1960er und Anfang der 1970er-Jahre wurde der Anspruch von Filmemachern stärker, ein Gegengewicht zur damals

G Fallstudien: Beispiele interaktiven Erzählens

üblichen Berichterstattung herzustellen, neue Inhalte zu vermitteln und weniger, bestimmten ästhetischen Ansprüchen zu genügen. Es ging darum, Minderheiten Gehör zu verschaffen und die Berichterstattung zu demokratisieren: „Demokratie heißt im Dokumentarfilm vor allem: sich Zeit nehmen, um die Probleme der Menschen verstehen zu können."[317]

In Kanada entstand zu dieser Zeit das Projekt *Challenge for Change*, das Kameras in die Hände der Communities gab, um diesen eine Stimme in der Öffentlichkeit zu geben. In diesem Geiste funktionieren auch heute noch Arbeiten wie Katerina Cizeks Webdokus.

Communities versuchten Ende der 1960er-Jahre auch eine weitere Bastion des Establishments einzunehmen: die Fernsehstationen. Alternative Fernsehsender wurden gegründet, in denen jeder und jede Sendungen produzieren und ausstrahlen konnte. Die Community-Sender waren aber selten mehr als ein Nischenprojekt und stellten auch niemals eine Gefährdung der etablierten Medien dar. Erst durch das Internet können Amateure gemeinsam tatsächlich die Macht der industriellen Medien angreifen, können eine eigene Medienmacht aufbauen und eine wirklich unabhängige Berichterstattung etablieren. Dank Video wurde seit Anfang der 1980er-Jahre aber doch einiges möglich. In „Medienwerkstätten" wurden audiovisuelle „Fakten" gesammelt und in Kneipen wurden Filme wie *Zueri brennt* über die Zürcher Jugendproteste gezeigt. Das neue Format hatte sich in der Alternativkultur etabliert.

Seeing is Believing, ein Dokumentarfilm von Katerina Cizek und Peter Wintonick, setzte sich mit dieser neuen Macht der Bilder auseinander, die heutzutage der digitalen Revolution zu verdanken ist und die mit der Demokratisierung der Medien „Handycam-Aktivisten" und zufällige Zeugen gleichermaßen an die Öffentlichkeit brachte.

Für Cizek ist die digitale Revolution, deren Zeugen wir gerade sind, die größte seit der industriellen Revolution. Von der Demokratisierung der Produktionsmittel erhofft sie sich nicht weniger als eine Demokratisierung der Medien: „Die Medienmacht verlagert sich zurzeit

> **IT IS NOT OUR JOB TO BE SWORDS, IT IS OUR JOB TO BE LIGHTBULBS.**[316]
>
> KEVIN MCMAHON, FILMEMACHER UND PRODUZENT

rasant von den Händen einiger weniger zu den Hände der Massen ... Menschenrechtsaktivisten, Ermittler bei internationalen Tribunalen gegen Kriegsverbrecher, politisch engagierte Video-Amateure und Globalisierungsgegner bewaffnen sich mit den Werkzeugen dieser neuen visuellen Revolution."[318]

Cizek macht sich diese Medienmacht der Massen zunutze und verwendet in all ihren Projekten Filmmaterial von Amateuren, sie macht keine Filme über Protagonisten, sondern Filme mit ihren Protagonisten als gleichberechtigte Partner.

Filmmaker in Residence war ihr erster Versuch, gemeinsam mit dem NFB (National Film Board of Canada) ein genuin kollaboratives Webprojekt zu erstellen. Die Webdoku erzählt in einer Kombination von Film, Fotografien und Audiofiles von Cizeks Erfahrungen als Filmemacherin im „Feld": Sie begleitet ein Emergency-Team in Toronto und einen freiwilligen Helfer bei der Aids-Aufklärungsarbeit in Malawi. In Afrika erleben wir, wie die Kameras langsam an die Protagonisten übergeben werden, diese selbst zu fotografieren beginnen und Fototagebücher erarbeiten. Dies führt nicht nur dazu, dass in der Community offener über Aids gesprochen wird, es lassen sich auch einige Menschen erstmals auf HIV testen.

Einen ähnlichen Versuch unternimmt sie in Toronto mit jungen obdachlosen Schwangeren. Sie erhalten leihweise Digitalkameras und

G Fallstudien: Beispiele interaktiven Erzählens

sollen ein Fotoblog über ihre Erfahrungen führen – Photovoice. Auch hier resultiert die mediale Ermächtigung in einem größeren Bewusstsein – und schließlich in einem Film und Fotoausstellungen. Aus einigen dieser Kooperationen sind Filme entstanden, die sowohl im Fernsehen als auch auf verschiedenen Festivals präsentiert wurden und auch auf der Homepage zu sehen sind. Aus einigen haben sich konkrete Initiativen entwickelt. Die Ergebnisse können auf einem Projekt-Blog nachgelesen werden. Diese Webdokus führen deutlich vor Augen, welche Möglichkeiten dieses Genre bietet, in die Welt einzugreifen.

Die Webdoku *Highrise: The Towers in the World, the World in the Towers* stammt ebenfalls von Katerina Cizek, wurde im Jahr 2009 initiiert und galt lange Zeit als Meilenstein des interaktiven Dokumentarfilms. Diese Webdoku gewann nicht nur fast alle Preise, die es für interaktive Projekte zu gewinnen gibt, sondern hat auch Maßstäbe gesetzt, was visuelle Gestaltung und sozialen Anspruch betrifft.

Highrise ist ein mehrjähriges – und immer noch andauerndes – partizipatorisches Projekt, das sich mit den verschiedenen Aspekten des vertikalen Wohnens in den Vorstädten dieser Welt auseinandersetzt. Dieses Projekt besteht mittlerweile aus mehreren Filmen, Webdokus und Ausstellungsprojekten und hat auch zu konkreten Veränderungen im Leben verschiedener Protagonisten geführt.

Die erste Webdoku im Rahmen des Gesamtprojektes war *The Thousandth Tower*, in dem sechs Bewohner in einem Hochhaus in Toronto mit ihren Fotos und Erzählungen ihre Sicht auf ihre Umgebung und ihr Leben dokumentieren. Zur Navigation klickt man einfach auf das Portrait eines der Protagonisten und wird in dessen Geschichten entführt.

Highrise: Out My Window trägt das Projekt in die Welt und zeigt das Leben in Hochhäusern anhand von 13 Menschen in ihren Hochhauswohnungen in verschiedenen Städten der Welt – darunter Prag, Beirut, Istanbul und Chicago. Der Einstieg in die Webdoku ist simpel und elegant, die Wohnungen sind als Fenster in einem imaginären

4 Webdoku als interventionistische Medienarbeit

Abb. 24: Out My Window (Katerina Cizek, CA 2010)

gemeinsamen Hochhaus angeordnet (das durch den Mediendesigner Priam Givord auch zu einer Kunstinstallation wurde), man kann die verschiedenen Fenster anklicken, navigiert durch die Wohnung des Protagonisten, kann sich die Geschichten der Bewohner anhören und aus deren Fenster sehen. Man kann die Intensität der Erfahrung nach Belieben vertiefen, kann Hintergrundinformation laden oder auch einfach zu einer neuen Wohnung gehen.
Out My Window wurde später um das Feature *Participate* ergänzt, mit dessen Hilfe User eigene Bilder oder Texte über das Leben im Hochhaus beisteuern können.
One Millionth Tower schließlich wurde die Fortsetzung zu *The Thousandth Tower* und ließ die Bewohner von damals gemeinsam mit Architekten und Grafikern eine Verbesserung ihrer Wohnumgebung planen – diese Pläne wurden animiert und in Form einer virtuellen Landschaft ausgestaltet. Die Webdoku besteht einerseits aus einem kurzen animierten Dokumentarfilm, der die Träume der Bewohnerinnen umsetzt, einem interaktiven Experiment (das allerdings nicht auf allen Plattformen funktioniert) und einigen weiteren Kurzfilmen, die u.a. über die Programmierung des Projekts informieren.

G Fallstudien: Beispiele interaktiven Erzählens

Zudem kann man sich anhand von Clips aus Hochhausvierteln aus aller Welt ansehen, mit welchen zum Teil sehr simplen Eingriffen die Umwandlung von ehemals übel beleumundeten Gegenden zu attraktiven Lebensräumen funktioniert und sieht so, dass der oft schlechte Zustand von Hochhaussiedlungen nicht naturgegeben ist und jederzeit veränderbar ist.

Als bis dato letztes *Highrise*-Projekt entstand Im Rahmen des Op-Doc-Programms – einer Seite für kurze Dokumentarfilme der New York Times – *A Short History of the Highrise*. Es handelt sich um eine interaktive Animation über 2.500 Jahre Hochhausbau, die u.a. zahlreiche bisher noch nicht digitalisierte Fotografien aus dem Archiv der New York Times verwendet. *A Short History of the Highrise* basierte auf einer Kooperation der New York Times mit dem National Film Board of Canada.

Everyday Rebellion, ein Crossmedia-Projekt der persisch-österreichischen Filmemacher Arman und Arash Riahi über kreativen und gewaltfreien Widerstand, ist gewissermaßen die Sparvariante eines Crossmedia-Projekts: Zu einem klassisch linearen Dokumentarfilm, der in Kinos und Festivals präsentiert wird und der viel Footage von Aktivisten und Aktivistinnen enthält, gibt es eine stetig wachsende Webpage, die Methoden des gewaltfreien Widerstands vorstellt, entsprechende Literatur zum Download bereitstellt sowie Artikel über den Film und entsprechende Hintergrundinformationen verlinkt. Man wird dazu aufgerufen, eigene Inhalte zum Thema einzusenden, die dann nach Inhalten, Methoden und Orten abgerufen werden können. Die Seite ist zwar weit mehr als die übliche Website zum Film, aber leider auch nicht viel mehr als eine kuratierte Linksammlung. Sie hat aber durchaus das Potential, sich in Zukunft noch zu einem eigenständigeren Projekt zu entwickeln, das zivilen Widerstand weltweit vernetzen könnte.

Here at Home, vom National Film Board of Canada gemeinsam mit der Mental Health Commission of Canada produziert, ist eine weitere engagierte und dazu bemerkenswert gut gestaltete Webdoku.

4 Webdoku als interventionistische Medienarbeit

Abb. 25: Here at Home (Manfred Becker, Sarah Fortin, Louiselle Noël, Darryl Nepinka, Lynne Stopkewich, CA 2012)

Es geht darin um psychisch beeinträchtigte Obdachlose in Kanada. Mithilfe der Webdoku lernt man das Projekt *Housing First*[319] kennen, das sehr erfolgreich Langzeitobdachlose von der Straße holt, indem es die eigene Wohnung an den Beginn und nicht wie üblich an das Ende der Betreuung von Obdachlosen stellt. Man lernt einige der Obdachlosen und ihre Lebensumstände näher kennen und kann sich über die sozialen und finanziellen Kosten von Obdachlosigkeit informieren. Das Interface ist übersichtlich und ermöglicht eine rasche Orientierung, die Daten der fünf großen kanadischen Städte, die in der Webdoku vorkommen, sind elegant in einen Plan eingebettet, es lässt sich rasch und unkompliziert zwischen den einzelnen Geschichten navigieren.

G Fallstudien: Beispiele interaktiven Erzählens

G5 WEBDOKU ALS EDUTAINMENT UND INFOTAINMENT

Der expositorische Modus

Lehre und Forschung eignen sich besonders für interaktive Arbeiten und Experimente. Das aktive Erarbeiten von Inhalten ist in der Lehre essentiell und entsprechende Ansätze sind dort deshalb seit je verbreitet.

Auch einer der ersten interaktiven Dokumentarfilme stammt aus diesem Umfeld: Der international renommierte Architekt Rem Koolhaas lud die Regisseurin Bregtje van der Haak ein, ihn mit der Kamera auf seinen Forschungsreisen nach Lagos, wo er das schnelle Wachstum dieser scheinbar dysfunktionalen Stadt untersuchte, zu begleiten.

Daraus entwickelte sich *Lagos Wilde & Close* – eine interaktive Reise durch die „explodierende" Stadt, ein rasend schnell wachsender Moloch, dessen scheinbares Chaos sich bei näherem Hinsehen als gar nicht so unstrukturiert erweist.

Lagos Wilde & Close erschien ursprünglich 2004 als interaktiver Dokumentarfilm auf DVD. Zehn Jahre später wurde er für das Internet als Webdoku adaptiert und um einige Features erweitert.

Die Möglichkeiten, als User einzugreifen, sind überschaubar und beschränken sich primär auf den Perspektivwechsel zwischen Weit- und Nahaufnahme – ein Aspekt, der auch der eigentlichen Frage und der Herangehensweise von Koolhaas entspricht: Warum und

5 Webdoku als Edutainment und Infotainment

wie wachsen Städte, deren Strukturen dies eigentlich nicht erlauben? Und wie organisiert ist das, was aus der Ferne wie Chaos wirkt? *Lagos Wild & Close* erlaubt ein Eintauchen in diese Welt und schärft das Verständnis für das Funktionieren von Strukturen.

Capturing Reality: The Art of Documentary von Steve Mackey und Pepita Ferrari aus dem Jahr 2008 ist ein klassisches Crossmedia-Projekt: Es gibt eine DVD, ein knappes aber informatives Lehrbuch und eine schlichte und übersichtliche Website. *Capturing Reality* ist das interaktive Begleit-Projekt zu Ferraris gleichnamigem linearen Dokumentarfilm über Dokumentarfilmer. 33 international bekannte und renommierte Dokumentarfilm-Regisseure von Albert Maysles bis Werner Herzog geben in schlicht inszenierten Interviews und immer in Groß- bzw. Nahaufnahme vor schwarzem Hintergrund Auskunft über die Hintergründe ihrer Arbeit, sprechen darüber, was es für sie bedeutet, Dokumentarfilme zu machen, wie sie die Beziehung zu ihren Protagonisten gestalten und welche Gedanken sie sich zum Casting machen.

Die Interviews wirken durch die Bildgestaltung und die konzentrierte Auswahl ihrer Themen so intensiv und intim, dass eigentlich kein anderer Rahmen als der einer Webdoku für diese Gespräche vorstellbar ist. Die FilmemacherInnen sprechen in Richtung Zuseher, bei einem ausreichend großen Bildschirm fühlt sich das Gespräch an wie ein Zwiegespräch mit den Größen des Films.

Technisch handelt es sich bei *Capturing Reality* um eine klassische Datenbank-Webdoku – die Interview-Clips, kleine Schnipsel von oft nur 50 Sekunden, sind nach Filmemacher sowie nach Stichworten indexiert und können entsprechend abgespielt werden. Man kann sie einzeln abrufen oder als Autoplay durchlaufen lassen.

Zusätzlich sind Biografien der Dokumentarfilmer abrufbar und das Projekt kann auch auf diverse Social Websites verlinkt werden, man kann die DVD kaufen (die sowohl den Dokumentarfilm als auch auf einer zweiten DVD die Clips der Webdoku enthält) und sogar ein Handbuch für den Unterricht abrufen. Dies alles ist perfekt und unaufdringlich umgesetzt. *Capturing Reality* gelingt es, von Technik gerade so viel Gebrauch zu machen, wie es für die Informationen, die kommuniziert werden sollen, absolut notwendig ist.

Moments of Innovation, 2012 vom IDFA DocLab und dem MIT Documentary Lab entwickelt, leistet Ähnliches für die Darstellung der Entwicklung des interaktiven Dokumentarfilms. Anhand von relevanten Stichworten wie *Interactive*, *Immersion*, *Short* oder *Location* kann man sich durch die Webdoku klicken und den verschiedenen Entwicklungen in diesen Bereichen nachforschen: eine ebenso einfache wie elegante Umsetzung.

Happy World: Burma: The Dictatorship of the Absurde, 2009 von Gael Bordier und Tristan Mendes-France realisiert, geht in eine ganz andere Richtung. Die Autoren versuchen, dieses Land, das seit Jahrzehnten von einer Militärjunta regiert wird, die jeden Widerstand blutig niederschlagen lässt, als Groteske zu karikieren. Sie konzentrieren sich ganz auf die vielen absurden Details, die in Burma den Alltag bestimmen – die Werbebilder, die Benzinrationierung, den menschenleeren Regierungssitz im Nirgendwo oder die Gestaltung von Banknoten. Die Webdoku besteht aus einem klassisch linear gestalteten Hauptfilm, der mit Animationen durchbrochen wird und zu dem man sich Hintergrundinformationen laden kann.[320]

Bei *Happy World: Burma* ist auch die Entstehungsgeschichte interessant: Nachdem die ersten Versuche, eine Finanzierung durch Arte, France 5 und Canal+ zu erhalten, nicht erfolgreich waren, gingen die Filmemacher in die Offensive, stellten eine 30-minütige Fassung als Creative-Commons-Version ins Internet und starteten eine Crowdfunding-Kampagne. Für die Verbreitung ihrer Webdoku nahmen sie sich WikiLeaks zum Vorbild: „We are a generation of content producers who can do effective things at a reasonable cost. We are in the process of doing something modest in comparison to our predecessors. We are really interested in the massive distribution of content to 2 billion Internet users", meint Produzent Pierre Cattan.[321]

5 Webdoku als Edutainment und Infotainment

Abb. 26: Collapsus (Tommy Pallotta, NL 2010)

Tommy Palotta, dem Produzenten von Richard Linklaters *A Scanner Darkly*, und der innovativen Produktionsfirma SubmarineChannel ist mit *Collapsus – Energy Risk Conspiracy* als mehrfacher Hybrid ein besonders spannendes Beispiel für aktuelles Storytelling gelungen. Das Transmediaprojekt entfaltet im Internet auf drei Screens seine Geschichte: im zentralen Screen die zum Teil in Rotoskopie animierte, zum Teil im VJ-Style inszenierte fiktionale Geschichte der zehn Hauptfiguren, links davon eine interaktive Weltkarte, die mit der Entwicklung der Geschichte immer lebendiger wird und rechts ein dokumentarischer Screen, der Hintergrundinformationen anbietet.

Collapsus begann als linearer Dokumentarfilm *Energy Risk* (als Teil der Serie *The Green Transition* des niederländischen Senders VPRO) über die Energiesituation der Welt, und wurde dann – um auch ein jüngeres als das durchschnittliche Fernsehpublikum anzusprechen – ins Internet erweitert.

Collapsus erzählt die Geschichte von zehn Personen mit unterschiedlichem Hintergrund und unterschiedlichen Interessen, die mit einer sich zuspitzenden Energiekrise konfrontiert sind. Sie jetten um die Welt, müssen sich mit zunehmender Energieknappheit, politischen Verschwörungen, Aufständen und der Suche nach alternativen Energielösungen befassen.

G Fallstudien: Beispiele interaktiven Erzählens

Die Charaktere sind – ähnlich einem Computerspiel – stark überzeichnet, die Handlung ist nicht sehr subtil und die eingefügten Spiele sind inhaltlich nicht immer notwendig und formal eher störend. Doch als Experiment in Sachen Edutainment ist die visuell überwältigende und aufwendige Arbeit allemal höchst sehenswert. Und der Versuch, ein komplexes Thema wie eine Energiekrise, ihre Ursachen und ihre möglichen gesellschaftlichen Folgen anhand fiktiver Charaktere darzustellen, ist dem Zielpublikum wohl angemessen. Die Ambitioniertheit und die technische Perfektion des Projekts wurden international gewürdigt, es war auf allen relevanten Festivals vertreten und gewann zahlreiche Preise. Doch der fiktionale Anteil hat (zu Recht) einiges an Kritik hervorgerufen.
Eines der formal ambitioniertesten Projekte der jüngeren Zeit stellt *netwars / out of CTRL* von Lena Thiele aus dem Jahr 2014 dar. *netwars* gibt es als E-Book, Audio Book, Graphic Novel App, Infoportal und TV-Doku-Serie und wurde von den deutschen Crossmedia-Spezialisten von *filmtank* umgesetzt. Das Projekt befasst sich in fünf Kapiteln mit den ebenso aktuellen wie spannenden Themen Cyberkriminalität und mediale Kriegsführung. Der charismatische Nikolai Kinski führt eloquent durch diese Welt der Cyberverbrechen und die Hintergründe zu zahlreichen möglichen oder schon geschehenen Cyberangriffen. Zusätzlich gibt es Interviews mit diversen Experten, Daten, Dossiers und ab und an kann man sich auch darüber informieren, an welchem Computer, mit welchem Betriebssystem und von welchem Land aus man gerade diese Webdoku ansieht. Das ist alles ganz okay und sehr beeindruckend produziert, aber man würde sich doch manchmal etwas mehr Schlichtheit, Übersichtlichkeit und Struktur wünschen und etwas weniger Drama.
Netwars zeigt auf faszinierende Weise, was mittlerweile alles möglich ist im Rahmen eines Crossmedia-Projektes. Ob man das alles auch immer in jedem Projekt nutzen sollte, ist allerdings eine andere Frage.

5 Webdoku als Edutainment und Infotainment

Abb. 27: Netwars/ Out of CtRL (Lena Thiele, DE 2014)

Abb. 28: Alma – A Tale of Violence (Isabelle Fougère, Miquel Dewever-Plana, FR 2012)

Alma – a Tale of Violence von Miguele Fougère und Isabelle Fougère hingegen ist eine Geschichte, die mit mehr Übersichtlichkeit und weniger Drama auskommt. Alma erzählt die Geschichte einer Frau aus Guatemala, die als fünfzehnjähriges Mädchen einer Gang beitrat und fünf Jahre lang deren Mitglied blieb. Sie erzählt von den Morden,

G Fallstudien: Beispiele interaktiven Erzählens

die sie im Auftrag der Gang verübte, von den gewalttätigen Beziehungen und der Armut, die ihr Leben bestimmten, und schließlich vom Austritt aus der Gang – den sie teuer bezahlte.

Der filmische Teil der Webdoku ist von beeindruckender Schlichtheit – Alma sitzt vor schwarzem Hintergrund und erzählt ihre erschütternde Geschichte direkt in die Kamera.

Leider wurde diese schlichte Inszenierung bei der Gestaltung der interaktiven Elemente durchbrochen: So berührend und wichtig die Geschichte von Alma und damit auch der Film ist, so störend ist in diesem Fall die Inszenierung der interaktiven Elemente. Während Alma spricht, schiebt sich von oben immer wieder ein weiterer Screen ins Bild, den man anklicken kann, um zusätzliche Informationen über das zu erhalten, worüber Alma gerade spricht. Mit Recht spricht Michel Reihac in seiner Kritik hier von einer Trivialisierung und einer permanenten und respektlosen Störung der Dramaturgie und fragt: „What does the flip screen device add to Alma? Not only does it add nothing, but it delivers an unwelcome distraction."[322]

Alma bricht mit diesen immer wiederkehrenden Ablenkungen mit einer der grundsätzlichen Regeln des Gamedesigns: „Generally, game designers avoid providing the player with important information when she is busy doing something ... When two pieces of information collide, they create a diversion that can have a catastrophic effect on the user's attention."[323]

Hier wäre weniger wohl mehr gewesen. Insbesondere da die Hintergrundinformationen wichtig, hilfreich und weiterführend sind und nicht nur Almas persönliche Geschichten in einen größeren Kontext stellen, sondern auch zahlreiche Links zu diversen NGOs bieten, die sich für Betroffene engagieren.

Glücklicherweise hat diese gestalterische Schwäche der Rezeption der Webdoku nicht geschadet: Das Werk erhielt den Grimme Online Award 2013, den Innovation Award des Sheffield Doc/Festes 2013 und den IDFA DocLab Award for Digital Storytelling 2012.

5 Webdoku als Edutainment und Infotainment

Dass *Alma* trotz der berechtigten Kritik an ihrem Design so erfolgreich wurde, zeigt, dass die Stärke der Story manchmal trotz aller technischen Möglichkeiten immer noch ein wesentliches Kriterium für die Attraktivität eines Projekts ist. Die Jury des Grimme Awards zeigte sich besonders beeindruckt von der „beklemmenden Nähe, die durch die Konfrontation von Angesicht zu Angesicht mit der Protagonistin erzeugt wird"[324] und von der Balance zwischen journalistischer Distanz und menschlicher Nähe: „Die Unmittelbarkeit der Erzählung erzeugt Authentizität, die lineare Machart steht symbolhaft für die Ausweglosigkeit als Bandenmitglied. Die Form der Aufbereitung macht das Erlebte nachvollziehbar und liefert den geeigneten Rahmen für Almas Botschaft, dass Gewalt niemals eine Lösung sein kann. Auch die reichhaltigen Hintergrundinformationen rund um den Themenkomplex Gewalt zeichnen dieses Webspecial aus. Die Verquickung von Text und Fotografien verleiht jeder Zahl ein Gesicht, macht aus sonst nüchternen Statistikwerten menschliche Tragödien. Exemplarisch hierfür steht Alma, die ihre Geschichte in einer einzigartigen Webdoku erzählt."[325]

Das Team von *Collapsus* – Tommy Pallotta, Femke Wolting und Bruno Felix – hat 2013 – ko-produziert u. a. vom ZDF – mit *Last Hijack* wieder ein sehr ambitioniertes und groß angelegtes Projekt entwickelt: über Piraterie vor Somalias Küsten. Doch diesmal wurden die Gestaltungsmittel bescheidener verwendet und Animationen nur dort eingesetzt, wo kein authentisches Filmmaterial verfügbar war. Die Bescheidenheit hat sich gelohnt. Die Webdoku erzählt auf verschiedenen Vertiefungsebenen von der Entführung eines Schiffes, lässt sowohl den Kapitän als auch einen der Piraten zu Wort kommen und geht in den beiden weiteren Ebenen immer tiefer auf die Hintergründe der Piraterie ein. Die Doku kommt so von der Nacherzählung einer konkreten Entführung zu einer Analyse der politischen und wirtschaftlichen Situation, die diese Entführungen verursachen, und zu jenen, die letztlich davon profitieren. Bei der Produktion von *Last Hijack* wurden viele der Fehler von *Collapsus* vermieden: Es gibt keine fiktiven Anteile, es

G Fallstudien: Beispiele interaktiven Erzählens

gibt eine übersichtliche und logische Navigationsstruktur, der Aufbau lässt genau den Grad an Vertiefung zu, den der User gerade wünscht, und die Gestaltung als interaktives und nonlineares Projekt wird gerade durch die Gegenüberstellung der beiden Positionen von Entführer und Entführtem logisch und sinnvoll.

Dieser Webdoku gelingt es durch ihren überlegten Einsatz von Animationen und ihre klare Struktur nicht nur, die Situation der Entführung nachempfindbar zu machen, sondern sie beleuchtet auch eindrucksvoll die Welt, in der diese Entführungen stattfinden. Hier findet man genau jene Tiefenästhetik, die Webdokus so sehenswert machen kann.

Die französische Produktion *Prison Valley* von David Dufrense und Philippe Brault aus dem Jahr 2010 ist gleichermaßen traditioneller Dokumentarfilm und First-Person-Abenteuerspiel. Die Webdoku ist wie ein Roadmovie aufgebaut und man schlüpft in die Rolle eines Journalisten, der das Gebiet in Fremont County mit seiner Gefängnisindustrie, seinen 36.000 Einwohnern, seinen 13 Haftanstalten und seinen 7.735 Gefangenen erforscht. Das Projekt wurde zu Recht eine der meistzitierten Webdokus: „That was our challenge: to believe in the long format on the Internet, in the stories that are told in length. And not only believe in an Internet done by frantic video clips", stellt David Dufresne fest.

Fort McMoney, die aktuellste Produktion von David Dufresne, ist ein Dokuspiel über die Folgen des Ölbooms in Fort McMurray in Alberta, Kanada. *Fort McMoney* lässt den User das Leben in der Boomstadt authentisch erleben, lässt ihn teilhaben und die verschiedenen Standpunkte der Betroffenen kennenlernen. Man reist, stellt Fragen, trifft Entscheidungen und gewinnt an Einfluss in der Community – die Jury des Grimme Preises war beeindruckt: „Bei *Fort McMoney* verschwimmen die Grenzen zwischen Reportage und Videospiel. Informationen und spielerische Elemente wurden kombiniert, um auf diese Weise eine neue Erzählform zu erschaffen. Besucher des Webspecials wechseln vom passiven, rein konsumierenden Zuschauer hin zum Akteur, der auf vielfältigste Art eingreifen kann: Indem der Nutzer Orte aufsucht, Dokumente einsammelt oder in die Rolle des Reporters schlüpft, bestimmt er den Ablauf der Geschichte. Die auf diese Weise erzeugte Nähe ermöglicht ein intensives, multisensorisches Nutzererlebnis."[326]

Die mapbasierte Webdoku *The Iron Curtain Diaries 1989–2009* von Matteo Scanni und Angelo Miotto wurde anlässlich des 20. Jahrestags des Mauerfalls publiziert und lässt die User entlang des ehemaligen Eisernen Vorhangs nach den Erinnerungen an die alten Verhältnisse suchen. Dieser italienischen Produktion aus dem Jahr 2009 gelingt es durch eindringliche Bilder, kurze Momentaufnahmen und einfühlsame Interviews, ein gültiges Bild von einer Welt zu zeigen, die mehr neue Mauern gebaut zu haben scheint, als sie eingerissen hat. Die Clips, Fotos und Audiofiles sind auf einer Karte entlang der alten Grenze gruppiert. Man kann die einzelnen Städte anklicken und erhält einen Überblick über Zahl und Art der Dokumente, die man sich in der jeweiligen Stadt ansehen kann. Durch die Navigationsstruktur legt man die gleiche Reise zurück, die auch die Autoren der Webdoku bei ihrer Produktion zurücklegten.

Das Interface eines Plans eignet sich ähnlich gut für die Navigation durch eine Webdoku wie eine Timeline und scheint gerade im Internet ein naheliegendes Eingabetool zu sein. Zahlreiche Webdokus sind entlang einer Timeline strukturiert (*Gaza/Sderot* etwa oder *Clouds over Cuba*) bzw. in einen Plan eingearbeitet.

Refugee Republic von Jan Rothuizen, Martijn van Tol und Dirk Jan Visser – einem Künstler, einem Journalisten und einem Fotografen – aus dem Jahr 2014 ist eine ganz andere Art mapbasierte Webdoku. Hier kann man verschiedenen Motiven folgend auf unterschiedlichen Wegen durch das syrische Flüchtlingslager Domiz Camp im Norden des Irak gehen und den Alltag der Flüchtlinge kennenlernen. Das Interface ist ein gezeichneter Plan des Lagers und wirkt ebenso improvisiert wie der Alltag der Flüchtlinge, die versuchen, sich in ihrem dauerhaften Provisorium einzurichten.

G Fallstudien: Beispiele interaktiven Erzählens

Abb. 29: Refugee Republic (Dirk-Jan Visser, Jan Rothuizen, Martijn van Tol, NL 2014)

Eine weitere Variante einer mapbasierten Webdoku ist das Projekt *17.000 Islands* von Thomas Østbye und Edwin. Hier handelt es sich um eine experimentelle Webdoku, die sich mit dem Beautiful Indonesia Miniature Park befasst, einem Vergnügungspark, der vom Suharto-Regime entwickelt wurde, um das unter einem nationalistischen Ideal vereinte Indonesien zu propagieren. Der Park ist ein Modell der 17.000 Inseln Indonesiens, deren unterschiedliche Kulturen und Religionen hier in scheinbarer Harmonie vereint sind. Obwohl die Regierung Suhartos 1998 endete, ist der Park immer noch zugänglich – für manche ist er ein harmloser Freizeitpark, für andere eine schmerzhafte Erinnerung an die Vergangenheit.

Die Filmemacher, der Norweger Østbye und der Indonesier Edwin, dekonstruieren in ihrem Projekt die Idee nationaler Einheit. Sie haben auf der Website Indonesien – gleich dem Bild, das der Park entwirft – als Mosaik von 17.000 Inseln dargestellt, die jeweils aus einer Filmszene bestehen. Die User des Webprojekts sind eingeladen, die Inseln und die Seite wie Touristen zu erforschen, sich anschließend ihre Lieblingsvideos auszuwählen und aus diesen mithilfe eines Online-Editors einen eigenen Film zu machen, der sich dann als eigene Insel mit den Inseln anderer User zu einem neuen, diesmal User-generierten Plan eines eigenen, anderen Indonesiens vereint: „Break down the old image, and be part of a living map", wie es die Filmemacher formulieren. Das Projekt untersucht so, wie die Idee einer Nation entsteht, wie Wirklichkeit konstruiert wird und wie Dokumentarfilm Teil dieses Prozesses ist.

Einer ganz anderen Art des Edutainments hat sich die Gebrüder Beetz Filmproduktion verschrieben: Ihre *Culture Files* sind eine perfekte transmediale TV- und App-Serie über kulturelle Ikonen Europas (bisher: Pier Paolo Pasolini, Zarah Leander, Heinrich von Kleist, Ludwig van Beethoven) und richten sich ganz explizit an ein junges Publikum, das sich sonst eher nicht mehr für Fernsehen interessiert. Sie nutzen die Möglichkeit transmedialen Erzählens, um das Publikum von einem Medium ins andere zu holen, ein Medium als Angelhaken für ein anderes zu verwenden: „Broadcasters are focused on people of about 60 years old and want to have total control of the projects, but they still think about them in traditional slots. On the other side, the Arthouse market looks at the 55 and over range. So how do we reach younger audiences? The educational market has a huge need of contents, but we need emotional ways to attract people and engage them", stellt Christian Beetz[327] zur Recht fest.

Der 90-minütige Film *Wagner Files* etwa ist ein Biopic und Docudrama im Stil von Spionagethrillern und wird von einem Comicbuch und einer App begleitet. Letztere enthält neben Archivmaterial und Fotos auch Interviews und Tonaufnahmen sowie die *Music Animation Machine* von Stephen Malinowski, die den Fliegenden Holländer Note für Note in animierte Muster überträgt.

Das Medienecho und auch die Resonanz auf Festivals waren überwältigend – u. a. gewann der Film den Audience Award des Festival des Films du Monde.

G Fallstudien: Beispiele interaktiven Erzählens

G6 KOLLABORATIVE WEBDOKUS

Der teilnehmende Modus

Das Internet und seine populärsten Seiten – Facebook, Twitter, YouTube, Wikipedia – machen deutlich, mit welcher Begeisterung Menschen Inhalte produzieren, ohne dafür bezahlt zu werden und sich ohne zu bezahlen Inhalte ansehen, die ohne Bezahlung entstanden sind.
Diese Begeisterung kann man sich auch in der Webdoku zunutze machen, und einige der interessantesten Webdokus der letzten Jahre basieren in unterschiedlichster Weise auf dieser Idee.
Wenn der Begriff des *Liquid Content*[329] irgendwo im Rahmen der Webdoku besonders angebracht ist, dann hier – denn bei kollaborativen Werken handelt es sich immer um Inhalte, die von Usern nicht nur unterschiedlich erfahren, sondern auch bearbeitet und verändert werden können, um Inhalte, die tatsächlich nie gleich bleiben.
Ein nicht zu unterschätzender zusätzlicher Vorteil dieses Vorgehens ist natürlich die Tatsache, dass man dadurch so nebenbei auch eine Vervielfältigung des Publikums erzielt.
Ein aktuelles Beispiel dafür, wie viele Menschen man mit den richtigen Fragestellungen erreichen kann, ist die Upian-Produktion *Generation Quoi?*[330] für France Television. Dieses Webprojekt soll in Form eines provokanten Fragebogens ein Portrait der jungen Franzosen zwischen 18 und 34 darstellen und konnte unglaubliche 225.000 Teilnehmer aktivieren.
Zu unterscheiden ist bei kollaborativen Webdokus zwischen der aktiven Beteiligung an einem Projekt einerseits und dem „Ernten"

> **MANY PEOPLE WHO READ NOVELS DO NOT KNOW HOW TO WRITE THEM; MANY WHO ENJOY LISTENING TO MUSIC HAVE NEVER PERFORMED IT. BUT MANY PEOPLE WHO WATCH MOVIES DO KNOW SOMETHING ABOUT HOW TO MAKE THEM; THEY HAVE HELD A DV CAMERA; THEY HAVE MADE SHORT FILMS.**[328]

ZITAT

NICHOLAS ROMBES, MEDIENWISSENSCHAFTLER

schon vorhandener Materialien, wie es etwa Jonathan Harris für *We Feel Fine* praktiziert. Das Ernten steht dem klassischen linearen Dokumentarfilm somit eigentlich recht nahe, indem es wie in einem Found Footage Film vorhandene Materialien nimmt,

G Fallstudien: Beispiele interaktiven Erzählens

Abb. 30: Generation quoi? (Christophe Nick, Alexandre Brachet, Margaux Missika, Frederic Bourgeais, Eric Drier, FR 2014)

Abb. 31: One Day on Earth (Kyle Ruddick, US 2012)

auswählt und kombiniert, diese Ausgangsmaterialien jedoch direkt dem Internet entnimmt.

Die Filmemacher werden in partizipativen und kollaborativen Projekten zu Kuratoren, die auswählen, zusammenstellen, dirigieren und gewichten. Und auch das Gelingen einer kollaborativen Arbeit ist meist davon abhängig, wie klar die ursprüngliche künstlerische Vision ist, wie sehr die verschiedenen Stimmen miteinander harmonieren, und wie klar das Gemeinsame herauskommt, das in den Beiträgen jeweils unterschiedlich formuliert und beleuchtet wird. Denn auch wenn die vielen Stimmen die eine Autorität scheinbar verschwimmen lassen[331], bleibt die Webdoku doch Werk.

Kyle Ruddick mit *One Day on Earth*[332] und Kevin Macdonald mit *Life in A Day*[333] haben mit ihren kollaborativen Dokumentarfilmen Crowdsourcing auf ein neues Niveau gehoben und gezeigt, was an Publikumsbeteiligung möglich ist: Für *Life in A Day*, prominent produziert von YouTube und Ridley Scott, erhielten die Macher 80.000 Videoclips, die am 24.07.2010 aufgenommen wurden. Und für *One Day on Earth* filmten am 10.10.2010 mehr als 8.000 Menschen das, was für sie an diesem Tag besonders wichtig war. Diese Videos bildeten die Ausgangsbasis für drei *One Day on Earth*-Filme (die Aktion wurde am 11.11.11 und am 12.12.12 wiederholt). Sie sind seither über eine Archivseite[334] zugänglich und lassen sich dort mithilfe eines auf Google Maps basierenden Plans sowie einer Stichwortsuche navigieren.

Das kollaborative Webprojekt *Man With a Movie Camera: the Global Remake* der Medienkünstlerin Perry Bard[335] ist eine Hommage an und zeitgenössische Weiterführung von Dziga Vertovs Klassiker zugleich und zeigt auf unprätentiöse Weise den Unterschied zwischen klassischer und neuer Erzählweise.

Auf der Website ist der Originalfilm in kleine Clips unterteilt, die von Usern nach Szenen oder Schlagworten durchgesehen werden können. Man kann sich eine oder mehrere Szenen aussuchen, die man reinszenieren möchte. und lädt die neuen Clips dann mithilfe eines Onlineformulars auf die Seite, wo sie dann gemeinsam mit

G Fallstudien: Beispiele interaktiven Erzählens

den Originalclips und weiteren Versionen anderer User gesehen werden können.

Während Dziga Vertovs Original der Film eines alleinverantwortlichen Filmemachers ist, erlaubt Bard in ihrem Remake jedem Teilnehmer einen von ihr nicht kuratierten Beitrag online zu stellen. Die Software speichert, sortiert und archiviert die Clips eigenständig. Auf diese Weise entstehen unendlich viele Versionen des einen Remakes.

Bard realisiert sowohl Vertovs Vision – „Plot and story meant little to him. Vertov's fascination was with fragments, the kaleidoscopic and the collecting of glimpses of life."[336] – als auch Lev Manovichs Idee eines Database-Kinos, das die Welt als Liste ungeordneter Einzelstücke repräsentiert. Sie setzt damit auch Tatjana Bazzichellis Konzept des Netzwerkes und der kollaborativen Kunstpraxis als Erbe der Punkbewegung um: „Anyone can play, as long as there is the desire to do it."[337] Noch fällt es manchen Kritikern, Jurys und Institutionen schwer, mit Arbeiten umzugehen, die so dezidiert nach einer neuen Sprache suchen: Beim Moskow Film Festival wurde ihrem Projekt ein Preis verweigert, da sich die Jury nicht einig wurde, ob es sich hier wirklich um einen Film handelt.

Aber es ist anzunehmen, dass „Perry Bard's project is just the beginning of a transformation and that we do not yet possess an adequate vocabulary to talk about, interpret and evaluate works such as Bard's."[338] Für ihr kollaboratives Webprojekt *The Johnny Cash Project* gingen Chris Milk und Aaron Koblin recht ähnlich vor. Sie baten Menschen aus aller Welt darum, eine Zeichnung von Johnny Cash anzufertigen, die gemeinsam mit anderen Zeichnungen je einen Frame des Videoclips zu Johnny Cashs letzter Single „*Ain't no Grave*" bildete. Das Projekt gedeiht weiter und hat zahlreiche faszinierende Zeichnungen und ein berührendes Video, das in zahlreichen Varianten abspielbar ist, ergeben. Das *Johnny Cash Project* konnte bis dato 250.000 Zeichnungen sammeln.

Anhand von *18 Days in Egypt* zeigt sich, dass dieser Zugang gerade auch für Ereignisse, die von vielen Menschen erlebt wurden,

6 Kollaborative Webdokus

Abb. 32: 18 Days in Egypt (Jigar Mehta, Yasmin Elayat, US 2011)

perfekt sein kann. *18 Days in Egypt* wurde von Jigar Mehta und Yasmin Elayat anlässlich jener 18 Tage im Jahr 2011 zwischen den großen Protesten in Ägypten und Mubaraks Rückzug initiiert.

Das Projekt sollte ursprünglich ein klassischer Dokumentarfilm werden, der als Crowdsourcing-Film mithilfe der Beteiligung von „Bürger-Journalisten" gestaltet werden sollte. Doch während die Initiatoren eigentlich nur Rohmaterial von Demonstrationsteilnehmern sammeln wollten, wurden ihnen bereits geschnittene und gestalte Beiträge zugesandt. Mehta und Elayat entschieden sich deshalb, aus den Beiträgen ein offenes Onlineprojekt zu machen, eine kollaborative Webdoku, in der Menschen ihre Texte, Bilder und Filme von der Revolution in Ägypten zeigen konnten. So entstand "an ambitious project that is part storytelling, part documentary, and part archival bundled into an interactive, immersive experience."[339]

Der Aufbau der Seite ist reichlich chaotisch, die Struktur stark verbesserungswürdig, aber die Seite zeigt die erste Revolution, deren TeilnehmerInnen live online über sich selbst berichten. Und während Gil Scott-Heron in seinem berühmten Song *The Revolution Will Not Be Televised* noch vor der Passivität gewarnt hat, die durch Massenmedien hervorgerufen wird, kann man sich nun fast entspannt vor den Bildschirm setzen und sicher sein: *The revolution will be streamed.*

AUSBLICK

H Ausblick

> **ZITAT**
>
> „I've come up with a set of rules that describe our reactions to technologies:
> 1. Anything that is in the world when you're born is normal and ordinary and is just a natural part of the way the world works.
> 2. Anything that's invented between when you're fifteen and thirty-five is new and exciting and revolutionary and you can probably get a career in it.
> 3. Anything invented after you're thirty-five is against the natural order of things."
>
> (Douglas Adams, Schriftsteller)[340]

Vor dem Hintergrund der Geschichte des Dokumentarfilms erscheint die Webdoku wie die Realisierung eines jahrhundertealten Traumes von der endgültigen Demokratisierung des Bildes: Dank Crowdfunding, günstiger Produktions- und Vertriebsmittel gibt es keine Abhängigkeiten mehr von den großen Konzernen, jeder kann jederzeit über Social Media mit allen Menschen dieser Welt kommunizieren und hat so ein Publikum, das keine Länder- oder Sprachgrenzen mehr kennt.

So idyllisch ist und wird es natürlich nicht. Aber die Auflösung der medialen Grenzen, das Verschmelzen ehemals getrennter Ausdrucksformen und aktuelle technische Spielereien wie etwa die App *Condition One*, die Filme schafft, in denen man sich selbst bewegt, machen neugierig auf die Zukunft. Oder, wie Caspar Sonnen feststellt: „I have a feeling that – with the shift from the browser to the tablet, with the shift from the mouse to the touch, and upcoming touchless interfaces like Google Glass, Leap Motion and the Oculus Rift – the most important pioneers in the interactive community are already looking around and reinventing the genre."[341]

Auch die bekannte Produktionsfirma Upian experimentiert neuerdings mit Virtual Reality: „We are starting to explore the potential of virtual reality, with objects like Oculus. We are also interested in distribution, as it is at the intersection of our different activities."[342]
Eigentlich interessant wird aber, welche Inhalte mit all diesen Möglichkeiten umgesetzt werden. So gibt es neuerdings zahlreiche Webdokus, die sich mit den Folgen des medialen Umbruchs befassen: *Netwars* beschäftigt sich mit den Auswirkungen unserer Überwachungsgesellschaft und der Cyberkriminalät, *Seven Digital Sins*[343] geht dem Einfluss der digitalen Medien auf unseren Alltag und unser Sozialleben nach und *In Limbo*[344] untersucht, was mit all den Daten passiert, die von uns bleiben, wenn wir nicht mehr sind.
Webdokus haben sich augenscheinlich als Medienform etabliert. Sie scheinen langsam zu ihrer Sprache und ihren Themen gefunden zu haben und sie sind aus der Medienlandschaft nicht mehr wegzudenken.

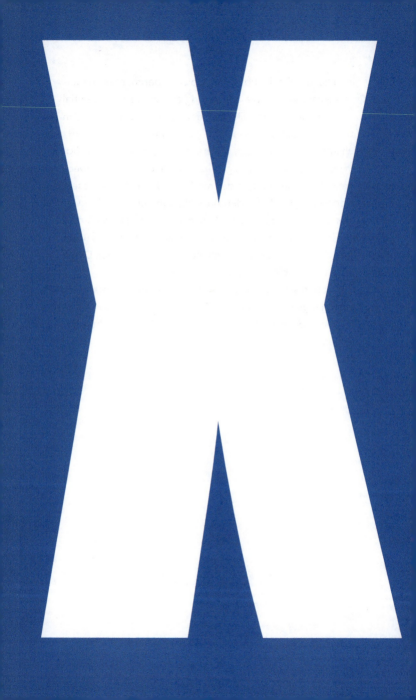

ANHANG

X1 **208**
Literaturverzeichnis

X2 **220**
Erwähnte Webdokus und Multimediareportagen

X3 **224**
Grundlagen

X4 **225**
Forschung

X5 **226**
Festivals

X6 **227**
Workshops

X7 **228**
Software

X8 **229**
Crowdfunding

X9 **230**
Endnoten

X10 **245**
Bildnachweise

X Anhang

X1 LITERATURVERZEICHNIS

» Adams, Douglas (1999): How to Stop Worrying and Learn to Love the Internet. http://www.douglasadams.com/dna/19990901-00-a.html
» Adams, Douglas (2002): The Salmon of Doubt. https://keychests.com/item.php?v=poqfwswukra
» Asendorf, Dirk (2009): Für Sofasurfer. Die Zeit 20/2009, p. 40
» Astle, Randy (2013): Elaine McMillion and Jeff Soyk on Hollow. http://filmmakermagazine.com/72963-elaine-mcmillion-and-jeff-soyk-on-hollow/
» Aston, Judith; Gaudenzi, Sandra (2012): Interactive documentary: setting the field. in: Studies in Documentary Vol. 6 Nr. 2, pp. 125–139
» Almeida, Andre; Alvedos Heitor (2010): An Interactive Documentary Manifesto. in: R. Aylett et al. (Eds.): ICIDS 2010LNCS 6432, pp. 123–128
» Anderson, John (2013): As You Watch, Invasion of the Platforms. in: The New York Times, April 12, 2013
» Barnouw, Erik (1993): Documentary. A History of the Non-Fiction Film. New York, Oxford: Oxford University Press
» Bayer, Scott (2011): Serious Games: Changing the World with Transmedia. http://www.documentary.org/feature/serious-games-changing-world-transmedia
» Becker, Gunter (2010): Weitersagen! in: zoom 05/10, pp. 56–59
» Brandl, Christoph (2013): Abschied vom Traumberuf. http://www.out-takes.de/index.php/2013/abschied-vom-traumberuf/

1 Literaturverzeichnis

- Broderick, Peter (2008): Welcome to the New World. http://peterbroderick.com/writing/writing/welcometothenewworld.html
- Brodnik, Ingrid (2009): Wir haben alle einen Vogel. Falter 27/2009 http://www.falter.at/web/print/detail.php?id=941
- Brush, Jason (2014): How Interactivity is Evolving the Documentary, in: dox 102
- Brylt, Vibeke (2013): Dox in Dialogue. in: dox 100
- Bund, Kerstin (2009): Das Geschäft mit der Geschwätzigkeit. In: Die Zeit 20/2009, p. 26
- Bund, Kerstin (2009.1): Pauschal genießen. In: Die Zeit 26/2009 18.6.2009, p. 26
- Busch, Anett (2008): Film mehrfach gefaltet. Die Mär von der Verfügbarkeit, Zugriff auf Zeit und Untertitellesen im Archiv. In: kolik film Sonderheft 9/2008: pp. 11–19
- Carter, Meg (2011): New Technology Opens up Documentary-making. The Guardian 6.6.2011
- Costa, Amanda Lin (2013): ‚Hollow': The Next Step For Social Documentary? http://www.pbs.org/mediashift/2013/09/hollow-the-next-step-for-social-documentary/
- Cox, Kate (2014): It's Time To Start Treating Video Game Industry Like The $21 Billion Business It Is. http://consumerist.com/2014/06/09/its-time-to-start-treating-video-game-industry-like-the-21-billion-business-it-is/
- Cunningham, Megan (2005): The Art of the Documentary. Berkley, CA: New Riders
- Davenport, Glorianna; Murtaugh, Michael (1995): ConText: Towards the Evolving Documentary. ACM Multimedia 95 – Electronic Proceedings, November 5–9, 1995, San Francisco, CA
- De Rosa, Maria; Burgess, Marilyn (2014): Learning from Documentary Audiences: A Market Research Survey http://www.hotdocs.ca/resources/documents/Hot_Docs_Learning_from_Documentary_Audiences.PDF
- Denkmayr, Judith (2015): So wird aus einem Video-Blogger ein

X Anhang

Superstar. https://www.fischundfleisch.at/blogs/it/so-wird-aus-einem-video-blogger-ein-superstar.html
- » Dichek, Bernard (2009): Life on the Other Side. in: dox #81: 4–5
- » Diestel, Jens C. (2008): Die Digitalisierung der Vertriebswege – Chance oder Irrweg für den Film. Krems: Master-These
- » Dovery, J. and Rose, M. (2012): We're Happy and We Know It: Documentary: Data: Montage. in: Studies in Documentary Film. http://dx.doi.org/10.1386/sdf.6.2.159_1
- » Doyle, Gillian (2010): From Television to Multi-Platform. Less from more or more for less? http://www1.oecd.org/trade/services-trade/47559455.pdf
- » Eberl, Matthias (2012) Interaktiv am Rezipienten vorbei. http://rufposten.de/weblog/Journalismus/Multimedia-Reportagen/planet_galata.html
- » Ebersbach, Anja; Glaser, Markus; Heigl, Richard (2008): Social Web. Konstanz: UVK
- » Eick, Dennis (2014): Digitales Erzählen. Konstanz: UVK
- » Elberse, Anita; Oberholzer-Gee, Felix (2008): Superstars and Underdogs: An Examination of the Long-Tail Phenomenon in Video Sales. http://www.people.hbs.edu/aelberse/papers/hbs_07-015.pdf
- » Elberse, Anita (2008): The Long Tail Debate: A Response to Chris Anderson. https://hbr.org/2008/07/the-long-tail-debate-a-respons
- » Elstermann, Knut (2006): Handkamera, direkter Blick und Anteilnahme. Der Dokumentarist Albert Maysles wird 80 Jahre alt. in: Berliner Zeitung 25.11.2006
- » Epstein, Michael, Knowles, Mike (2015): The Promise and Realities of Creating Immersive Media Projects – Best Practices: A StoryCode Report. http://filmmakermagazine.com/93498-the-promise-and-realities-of-creating-immersive-media-projects-best-practices-a-storycode-report/#.VQtmGGRwsob
- » Fichter, Alina (2013): Da guckst du! http://www.zeit.de/2013/42/jugendliche-generation-youtube-medien

1 Literaturverzeichnis

- Fischermann, Thomas (2009): Virale Werbung kann teurer werden als gedacht. In: Die Zeit Nr. 20, 7.5.2009, p. 26
- Flynn, Sean (2013): The distinction between linear and interactive documentary. http://opendoclab.mit.edu/research-forum-the-distinction-between-linear-and-interactive-documentary-part-4
- Fraser, Nick (2013): Indies Documentaries: Investing in what future?. in: dox 97: 52–55
- Gallio, Nicolò (2013): The Wagner Files: A Crossmedia Gesamtkunstwerk. in: dox 98: 18–21
- Gallio, Nicolò (2013): New Mantra of Storytelling. in: dox #99: 24–26
- Galloway, D., Mcalpine, K.B., Harris, P. (2007): From Michael Moore to JFK Reloaded: Towards a Working Model of Interactive Documentary. in: Journal of Media Practice 8 (3): 325–339
- Gaudenzi, Sandra (2013): The Living Documentary: from representing reality to co-creating reality in digital interactive documentary. London, Centre for Cultural Studies, Diss.
- Gifreu, Arnau (2011): The interactive multimedia documentary as a discourse on interactive non-fiction: for a proposal of the definition and categorisation of the emerging genre. Hipertext.net, 9, 2011 http://www.upf.edu/hipertextnet/numero-9/interactive-multimedia.html
- Gifreu-Castells, Arnau (2014): Mapping Trends in Interactive Non-fiction through the Lenses of Interactive Documentary. in: Mitchel, A. et al (Eds.): ICIDS 2014, LNCS 8832, 156–163
- Giles, Julie (2011): How to Build an Audience for Your Web Series: Market, Motivate and Mobilize. Toronto: Independent Production Fund
- Guillou, Bernard (2004): Online-Filmvertrieb. Mediawise, Paris
- Gumpelmaier, W. (2012): Gemeinsam sind wir stark! Crowdfunding als Alternative in der Filmfinanzierung. in: Schnitt 66, 02/2012: 18–21
- Hayes, Gary P (2011): How to Write a Transmedia Production Bible, Screen Australia

X Anhang

- » Hamman, Götz; Bund, Kerstin (2009): Wir machen unsere Kinder zu Terroristen. Die Zeit online 30.6.2009 http://www.zeit.de/online/2009/25/urheberrecht-lessig
- » Hege, Hans; Hamann, Andreas (Hg.) (2014): Wie smart ist Konvergenz? Markt und Nutzung von Connected TV. http://www.die-medienanstalten.de
- » Helminen, Suvi Andrea (2013): The Interactive Dance Floor. in: dox 98: 14–17
- » Helminen, Suvi Andrea (2013²): Democratization of History. in: dox 98: 45
- » Helminen, Suvi Andrea (2013³): Balancing Form and Content. in: dox 99: 16–17
- » Helminen, Suvi Andrea (2014): Evolution: An Inside Look at MIT Open Doc Lab. in: dox 101: 28–29
- » Helminen, Suvi Andrea (2014²): Interactive Storytelling Tools: Friends or Foes? in: dox 102
- » Heywinkel, Mark (2014): Geschichten vom Scheitern: Crowdfunding: das Geheimnis erfolgreicher Kampagnen. http://blogs.stern.de/geschichtenvomscheitern/crowdfunding-das-geheimnis-erfolgreicher-kampagnen/
- » Höbel, Wolfgang (2009): Hard Times on the Boulevard of Stars. Spiegel online 14.05.2009 http:///www.derspiegel.de/international/zeitgeist/0,1518,624782,00.html
- » Hohenberger, Eva (Hg.) (1998): Bilder des Wirklichen. Texte zur Theorie des Dokumentarfilms. Berlin: Vorwerk 8
- » Hoffmann, Kay (2014): Dokufiktion – Hybride Formen als Chance. in: Leitner et al (2014): pp 23–34
- » Husmann, Ralf (2012): Einer für alle – alle für einen. in: Schnitt 66, 02/2012: 35
- » Jacobsen, Ulla (2008): Being a Person in Our Society. in: DOX 78: 16–18
- » Jacobsen, Ulla (2009): Reaching People on a Gut Level. in: DOX 80: 13–15

1 Literaturverzeichnis

- » Jacobshagen, Patrick (2002): Filmrecht im Kino- und TV-Geschäft. PPV Medien GmbH, Bergkirchen
- » Jaeger, Frédéric (2014): Neue kritische Praxis für neue Medien? in: Leitner et al (2014): pp 68…77
- » Jensen, Ove Rishøj (2011): ….. aaaaaaand action!!! in: dox 91: 22–23
- » Jolliffe, Genevieve; Zinnes, Andrew (2006): The Documentary Filmmakers Handbook. New York
- » Kammerer, Dietmar (2008): Ritual und Resonanzraum. Wie David Lynch und Michel Gondry das Netz auf jeweils persönliche Art benützen. in: kolik film Sonderheft 9/2008: pp. 20–27
- » Kaufmann, Anthony (2009): Why VOD is turning into a profitable avenue for indie filmmaker http://www.filmmakermagazine.com/fall2009/industry-beat.php
- » Kirsner, Scott (2010): Fans, Friends & Followers. CinemaTech Books
- » Knaf, Joachim (2010): Online Filme produzieren. Konstanz: UVK
- » Knetig, Alexander (2012): Audiovisuelle Formate von morgen schaffen. in: Schnitt 66, 02/2012: 36–37
- » Knoke, Felix (2009): Die Vermessung der Twitterwelt. Spiegel online 17.07.2009 http:///www.derspiegel.de/netzwelt/web/0,1518,636555,00.html
- » Knörer, Ekkehard (2009): Anlass zu Kritik. Schreiben über Filme im Netz. Vortrag zur Veranstaltung „Im Netz der Möglichkeiten. Filmkritik im Zeitalter des Internet" http://www.cargo-film.de/artikel/anlass-zur-kritik-schreiben-ueber-film-im-netz/
- » Kortmann, Christian (2008): Short Cuts 2.0. über das Filmportal YouTube und das alltägliche Überleben in den Bilderfluten des Internet. In: kolik film 9/2008: 7–10
- » Kressner, Tino (2012): Filmfinanzierung mit Unterstützung des Publikums. in: Schnitt 66, 02/2012: 33
- » Kremer, Simon (2009): Wenn die Bilder laufen lernen – die Multimedia-Reportage. In: Reporter-Forum, 27.2.2009
- » Kreuzer, Hannes (2009): Digitale Film-Distribution – Funktionsweise und kritische Beleuchtung der Auswirkungen auf die Filmindustrie.

Diplomarbeit Filmakademie Wien http://digitalfilmdistribution.com
» Kreuzer, Hannes (2012): Ins Netz gegangen. Chancen und Herausforderungen des Online-Vertriebs. in: Schnitt 66, 02/2012: 28–31
» Krömer, Jan; Sen, Evrim (2006): No Copy – Die Welt der digitalen Raubkopie. Tropen
» Kuittinen, Tero (2014): How did this smug, 20-something Swedish hipster become YouTube's biggest star? http://bgr.com/2014/05/16/how-to-become-famous-on-youtube/
» Landsiedel, Timo (2010): Einer für alle, alle für einen. in: zoom 05/10: 52–55
» Langl, Barbara; Strassl, Gerhard; Zoppel, Christine (2003): Film Made in Austria. Innsbruck: Studienverlag
» Läsker, Kristina (2012): 3D schnürt kleinen Filmtheatern die Luft ab. http://www.sueddeutsche.de/kultur/kino-krise-d-schnuert-kleinen-lichtspielhaeusern-die-luft-ab-1.1279502
» Leitner, Matthias; Sebastian Sorg; Daniel Sponsel (Hg.) (2014): Der Dokumentarfilm ist tot, es lebe der Dokumentarfilm. Marburg: Schueren
» Lietaert, Matthieu (ed.) (2011): Webdocs. A survival guide for online film-makers. Brussels: Not So Crazy! Productions
» Lin Costa, Amanda (2013): ‚Hollow': The Next Step For Social Documentary? http://www.pbs.org/mediashift/2013/09/hollow-the-next-step-for-social-documentary/
» Manovich, Lev (2001): The Language of New Media. Cambridge, MA: The MIT Press
» Marshall, Albert (2011) (EA 1890): Principles of Economics. http://files.libertyfund.org/files/1676/Marshall_0197_EBk_v6.0.pdf
» Martens, René (2014): Die besten Multimediareportagen 2013. In: Journalist 1/2014 http://www.journalist.de/ratgeber/handwerk-beruf/tipps-fuer-den-berufsalltag/onlinejournalismus-die-12-besten-multimediareportagen-2013.html
» Maurin, Florent (2012): Interactive docs: how to help your audience go with the flow. http://florentmaurin.com/interactive-

docs-how-to-help-your-users-go-with-the-flow/
» Maurin, Florent (2014): Narrative structures in interactive documentaries. https://prezi.com/ilzwxzjz2t5p/narrative-structures-in-interactive-documentaries/
» McMahon, Kevin (2014): Documentaries May Be Cool, But They Aren't Making Money. http://www.huffingtonpost.ca/kevin-mcmahon/hot-docs-toronto_b_5249713.html
» Moestrup, Steffen (2011): Gone is the „one screen" logic. in dox 92: pp. 52–53
» Monaco, James (2002): Film verstehen. Reinbek bei Hamburg: Rowohlt
» Morsch, Thomas (2008): US-Serien und die Ökonomie des Fernsehens. in: kolik.film 10/2008: pp. 27–34
» Mueller, Juergen K. (2011): Große Bilder mit kleinen Kameras. Konstanz: UVK
» Mundell, Ian (2008): Broadcasters Love a Doc with Life Online. In: dox 78: pp. 10–11
» Nash, Kate (2014): Interrogating Audiences: What do We Mean by Engagement and Evaluation? http://i-docs.org/wp-content/uploads/2014/06/idocsKNash.pdf
» Nichols, Bill (2010): Introduction to Documentary. 2nd Ed., Bloomington & Indianapolis: Indiana University Press
» Nicodemus, Katja (2009): Diese Sieben stürmen das Kino. In: Die Zeit 20/2009, 49
» Noor, Ophelia (2011): Happy World: The Absurd Dictatorship in Burma. http://owni.eu/2011/06/20/happy-world-the-absurd-dictatorship-in-burma/
» NPA Conseil (ed.) (2006): The Development of Video on Demand in Europe. Boulogne-Billancourt www.npaconseil.com
» O'Flynn, Siobhan (2012): Documentary's metamorphic form: Webdoc, interactive, transmedia, participatory and beyond. in: Studies in Documentary Vol. 6 Nr. 2, pp. 141–157
» O'Flynn, Siobhan (2012²): Making Public(s): Web 2.0 documentaries

and social activism. http://www.academia.edu/601769/Making_Public_s_Web_2.0_documentaries_and_social_activism
- » O'Hehir, Andrew (2009): Movies online: The future is (almost) here. 17.06.2009 http://www.salon.com/ent/movies/btm/feature/2009/06/17/digital_dist/index.html
- » Peacefulfish/Media Consulting Group (ed.) (2008): Study on the Role of SMEs and European audiovisual works in the changing home entertainment sector.
- » Perlmutter, Tom (2014): The Interactive Documentary: A Transformative Art Form. In: Policy Options Nov./Dec. 2014. http://policyoptions.irpp.org/fr/issues/policyflix/perlmutter
- » Rabiger, Michael (2004) Directing the Documentary. Burlington, MA: focal press
- » Radü, Jens (2013): Verzichtet!, in: journalist 12/2013
- » Reilhac, Michel (2013): Onscreen Confession. in: dox 98: 42
- » Rombes, Nicholas (2009): Cinema in the Digital Age. London: Wallflower
- » Sanders, Willemien (2009): People helping people. in: dox 84: 11–12
- » Sanders, Willemien (2013): Digital Storytelling. in: dox 97: 22–24
- » Sanderson, Greg (2009): For the Filmmaker or the Audience. in: dox 84: 16f
- » Schad, Gina (2014): Lektionen aus einer gescheiterten Crowdfunding Kampagne. http://www.netzpiloten.de/lektionen-aus-einer-gescheiterten-crowdfunding-kampagne/
- » Schadt, Thomas (2002): Das Gefühl des Augenblicks. Zur Dramaturgie des Dokumentarfilms. Bergisch Gladbach: Bastei Lübbe
- » Schirrmacher, Frank (2009): Payback. 3.A. München: Karl Blessing Verlag
- » Schneider, Florian (2013): Wohin kann das Dokumentarische flüchten?, in: Berliner Gazette 16.01.2013
- » Schneider Florian (2012): „Die Wirklichkeit muss verteidigt werden" – über das Dokumentarische und seine Rolle im Netz, in: Berliner Gazette 15.11.2012

1 Literaturverzeichnis

» Schmidt, Jan-Hinrik, Ingrid Paus-Hasebringk, Uwe Hasebrink (ed.) (2009): Heranwachsen mit dem Social Web. Zur Rolle von Web 2.0 – Angeboten im Alltag von Jugendlichen und jungen Erwachsenen. Hamburg/Salzburg
» Schreiber, Ian (2009): Game Design Concepts. https://gamedesignconcepts.wordpress.com/2009/07/30/level-10-nonlinear-storytelling/
» Schwan, Ben (2009): „Jura ist nicht dazu da, antiquierte Geschäftsmodelle zu unterstützen." Die Zeit online 7.9.2009 http://www.zeit.de/digital/internet/2009-09/internet-recht-hoeren
» Scott-Stevenson, Julia (2011): The interactive documentary in a cross-plattform, community context. in: Expanding Documentary 2011, Auckland University of Technology
» Scott-Stevenson, Julia (2012): New Directions for Documentary: Recent Interactive and Cross-platform Productions. in: Metro Magazine 171, 86–90 http://www.academia.edu/1519601/New_Directions_for_Documentary
» Seidl, Claudius (2014): Die große Quoten-Lüge. in: FAZ, 16.2.2014
» Sevcenko, Melanie (2011): Making films about themselves making films. in: dox 90: 21f
» Sicinski, Michael (2013): Mainstreaming: Der Ärger mit den Online-Videotheken. in: Cargo 20/2013: 58–62
» Silcoff, Mireille (2014): A Mother's Journey Through the Unnerving Universe of ‚Unboxing' Videos. http://www.nytimes.com/2014/08/17/magazine/a-mothers-journey-through-the-unnerving-universe-of-unboxing-videos.html?_r=0
» Soar, Matt, Gagnon, Monika (ed. 2013): Database | Narrative | Archive: Seven Interactive Essays on Digital Nonlinear Storytelling. http://dnaanthology.com/anvc/dna/index
» Sontag, Susan (1983): Im Zeichen des Saturn. Frankfurt/Main: Fischer
» Sponsel, Daniel (2014): Der Dokumentarfilm – Die Kunst der Stunde. in: Leitner et al (2014): pp. 15–22

» Tervo, Paulina (2013): Insights Into the „Interactive Documentary" Realm: An Introduction, http://www.docnextnetwork.org/insights-into-the-interactive-documentary-realm-an-introduction/

» Tervo Paulina (2013[2]): Social Impact through Web Documentary Case Study http://www.docnextnetwork.org/social-impact-through-web-documentaries-the-awra-amba-experience-case-study/

» Tervo Paulina (2013[3]): Interview: Web Tools for Interactive Story Telling, http://www.docnextnetwork.org/interviews-web-tools-for-interactive-storytelling/

» Thalhofer, Florian (2012): Film ist tot. in: Schnitt 66: 14–17

» Thalhofer, Florian (2014): Gute Geschichte – Nonlineare Narration und Korsakow. in: Leitner et al (2014): pp 60–67

» Thelemaque, Jacques (2009): The DIY Life http://filmmakerslife.blogspot.com/2009/11/diy-life.html

» Thiele, Lena (2012): Im Aufbruch. in: Schnitt 66: 8–13

» Thompson, Kristin (2008): Das himmlische Multiplex. In: kolik film Sonderheft 9/2008: 27–36

» Tißler, Jan (2014): Der Irrweg „Multimedia-Reportage". In: www.netzwertig.com, 05.09.2014: http://netzwertig.com/2014/09/05/digital-journalismus-der-irrweg-multimedia-reportage/

» Trappel, Josef (1997): Verwertungsperspektiven der Filmindustrie. Filmwirtschaftliche Markt- und Konkurrenzanalyse in Österreich und Deutschland. prognos

» Unterholzner, Angelika; Scheiber Roman (2010): Direct to Public. http://www.ray-magazin.at/magazin/2010/05/filmvertrieb-ein-gespraech-mit-thomas-rigler

» Van Wyngaarden, Egbert (2014): Transmedia – Liquid Documentary. in: Leitner et al (2014): 37–51

» Vollmuth, Hannes (2013): Hoffen auf 20 Zuschauer. http://www.sueddeutsche.de/kultur/dokumentarfilme-im-kino-hoffen-auf-zuschauer-1.1667921

» Vuorensola, Timo (2012): Das Netz sei mit dir. in: Schnitt #66, 02/2012: p. 34

1 Literaturverzeichnis

» Weil, Sebastian (2003): Digital Cinema. Implikationen für bestehende und neue Marktteilnehmer der Kinobranche durch den Einsatz der Digitaltechnik in der Filmdistribution. Diplomarbeit FH Stuttgart
» Wolf, Fritz (2003): Alles Doku oder was? LfM Düsseldorf
» YouTube Insights (2014): The Magic Behind Unboxing on YouTube. https://www.thinkwithgoogle.com/features/youtube-insights-stats-data-trends-vol7.html
» Young, David (2010: Voyager (1989 – 2000). http://www.inventinginteractive.com/2010/02/22/voyager-1989-2000/
» Zarges, Torsten (2015): Mehr Serie! Mehr On-Demand! Mehr Relevanz! http://www.dwdl.de/magazin/49136/mehr_serie_mehr_ondemand_mehr_relevanz/
» Zimmermann, Peter; Hoffmann, Kay (Hg) (2006): Dokumentarfilm im Umbruch. Konstanz: UVK

(Kontrollabruf der Links im April 2015.)

X Anhang

X2 ERWÄHNTE WEB-DOKUS UND MULTI-MEDIAREPORTAGEN

- » *17.000 Islands*, Edwin, Thomas A. Østbye, ID/NO 2013: http://17000islandsinteractive.com
- » *18 Days in Egypt*, Jigar Mehta, Yasmin Elayat, US 2011: http://beta.18daysinegypt.com
- » *48 Hours Games*, Suvi Andrea Helminen, DK 2012, http://www.48hourgames.com
- » *A Journal of Insomnia*, Hugues Sweeney, CA 2013: insomnia.nfb.ca
- » *A Short History of the Highrise*, Katerina Cizek, CA/US 2013: http://www.nytimes.com/projects/2013/high-rise
- » *Alma – A Tale of Violence*, Isabelle Fougère, Miquel Dewever-Plana, FR 2012: http://alma.arte.tv
- » *Bay Area Disrupted*, Andreas Bick, Robert Rack, DE 2014, http://reportage.wdr.de/bay-area-disrupted
- » *Bear 71*, Jeremy Mendes, Leanna Allison, CA 2012: http://bear71.nfb.ca
- » *California is a Place*, Drea Cooper & Zackary Canepari, US 2010: www.californiaisaplace.com
- » *Camera War*, Lech Kowalski, FR 2008, http://www.camerawar.tv
- » *Choose Your Own Documentary*, Fernando R. Gutierrez de Jesus, Nathan Penlington, Nick Watson, Sam Smaïl, UK 2014: http://www.cyod.co.uk
- » *Condition One*, Danfung Dennis, US 2010: http://www.conditionone.com/

2 Erwähnte Webdokus und Multimediareportagen

» *Culture Files*, Gebrüder Beetz, DE 2013:
  http://www.gebrueder-beetz.de/en/productions/culture-files
» *Das Geld und die Griechen*, Florian Thalhofer, DE 2013:
  http://geld.gr/das-geld-und-die-griechen/
» *Enemy Within*, Johannes P. Bøggild, Bjarke Myrthu, Peter Hove Olensen, DK 2001,
  http://www.enemy-within.org/
» *Filmmaker in Residence*, Katerina Cizek, CA 2004:
  http://filmmakerinresidence.nfb.ca
» *Fort McMoney*, David Dufresne, CA 2013:
  http://www.fortmcmoney.com
» *Gaza/Sderot* – Life in Spite of Everything, Alex Szalat, Joël Ronez, Susanna Lotz, FR 2008:
  http://gaza-sderot.arte.tv
» *Here At Home*, Manfred Becker, Sarah Fortin, Darryl Nepinak, Louiselle Noël, Lynne Stopkewich, CA 2012,
  http://athome.nfb.ca/#/athome
» *Highrise: One Millionth Tower*, Katerina Cizek, CA 2011:
  http://highrise.nfb.ca
» *Highrise: Out My Window*, Katerina Cizek, CA 2010:
  http://highrise.nfb.ca
» *Hollow*, Elaine McMillion Sheldon, US 2013:
  http://hollowdocumentary.com/
» *I Love Your Work*, Jonathan Harris, US 2013:
  http://iloveyourwork.net
» *Immigrant Nation*, Theo Rigby, Kate McLean, US 2013,
  https://www.immigrant-nation.com/
» *La Cite des Mortes* – Ciudad Juarez, Jean Christophe Rampal, Matc Fernandez, FR 2005:
  http://www.lacitedesmortes.net/
» *Lagos Wide and Close* – An Interactive Journey into an Exploding City, Bregtje van der Haak, NL 2004:
  http://lagos.submarinechannel.com/

X Anhang

- » *Le Corps Incarcéré*, Soren Seelow, FR 2009:
  http://www.lemonde.fr/societe/visuel/2009/06/22/le-corps-incarcere_1209087_3224.html#
- » *Machines for Life*, Ryan Dombal, US 2013:
  http://pitchfork.com/features/cover-story/reader/daft-punk/
- » *Man with a Movie Camera: Global Remake*, Parry Bard, UK 2007:
  http://dziga.perrybard.net
- » *Moderne Lohnsklaven*, Raphael Thelen, Simon Sturm, DE 2014,
  http://reportage.wdr.de/lohnsklaven
- » *Moments of Innovation*, MIT Open Documentary Lab & IDFA DocLab, US 2012: http://momentsofinnovation.mit.edu
- » *Moss Landing*, Fabrice Florin, US 1989:
  http://docubase.mit.edu/project/moss-landing
- » *Netwars /Out of CTRL*, Lena Thiele, DE 2014:
  http://www.netwars-project.com
- » *Out of Sight*, Out of Mind, Wesley Grubbs, US 2013:
  http://drones.pitchinteractive.com
- » *Plan B*, Vera Kern, DE 2013,
  http://www.dw.de/themen/plan-b/s-32039
- » *Planet Galata: A Bridge in Istanbul*, Berke Bas, Florian Thalhofer, DE/TR 2010: http://www.planetgalata.com
- » *Prison Valley*, David Dufresne, Pilippe Brault, FR 2010:
  http://prisonvalley.arte.tv
- » *Question Bridge: Black Males*, Bayete Ross Smith, Chris Johnson, Hank Willis Thomas, Kamal Sinclair, US 2012:
  http://beta.questionbridge.com/
- » *Refugee Republic*, Dirk Jan Visser, Jan Rothuizen, Martijn van Tol, 2014: http://refugeerepublic.submarinechannel.com/
- » *Rider Spoke*, Blast Theory, UK 2007.
  http://www.blasttheory.co.uk/projects/rider-spoke/
- » *Seven Digital Deadly Sins*, Loc Dao, Pablo Vio, Lindsay Poulton, Jeremy Mendes, Francesca Panetta, CA 2014:
  http://sins.nfb.ca

2 Erwähnte Webdokus und Multimediareportagen

- *Snow Fall*, John Branch, US 2012:
  http://www.nytimes.com/projects/2012/snow-fall/#/?part=tunnel-creek
- *Thanatorama*, Julian Guintard, Vincent Baillais, FR 2007:
  http://www.thanatorama.com
- *The Interview Project*, David Lynch, US 2009:
  http://interviewproject.davidlynch.com
- *The Iron Curtain Diaries*, Angelo Miotto, Matteo Scanni, IT 2009:
  www.theironcurtaindiaries.org
- *The Johnny Cash Project*, Chris Milk, US 2010:
  http://www.thejohnnycashproject.com
- *The Whale Hunt*, Jonathan Harris, US 2007:
  http//thewhalehunt.org
- *The Whiteness Project*, Whitney Dow, US 2014,
  http://www.whitenessproject.org/
- *Type:Rider*, Théo le du Fuentes, FR 2013:
  http://typerider.arte.tv
- *Unspeak*, Tommy Pallotta, NL 2013,
  http://unspeak.submarinechannel.com
- *Voyage au Bout de Charbon / Journey to the End of Coal*, Abel Ségrétin, Samuel Bollendorff, FR 2008: http://www.honkytonk.fr/index.php/portfolio/journeytotheendofcoal/
- *We Feel Fine*, Jonathan Harris, Sep Kamvar, US 2006:
  http://www.wefeelfine.org
- *Webdog*, Julien Cernobori, Pierre Morales, FR 2013,
  http://webdog.franceculture.fr

X3 GRUNDLAGEN

- » Idocs: i-docs.org
- » Open DocLab: opendoclab.mit.edu
- » Storycode: www.storycode.org
- » Netzdoku: www.netzdoku.org
- » Collabdocs: collabdocs.wordpress.com
- » Arte: www.arte.tv/sites/webdocs/?lang=de
- » National Film Board Canada: www.nfb.ca/interactive
- » POV/PBS: www.pbs.org/pov
- » Tribeca: tribecafilminstitute.org/films/artist_programs/tfi_new_media_fund
- » Tribeca Sandbox: http://sandbox.tribecafilminstitute.org/
- » Transmediale: http://www.transmediale.de/
- » Games for Change: http://www.gamesforchange.org
- » Docubase/MIT: docubase.mit.edu
- » Moments of Innovation: www.momentsofinnovation.mit.edu
- » ComeInDoc: www.comeindoc.com
- » Webdoku: www.webdoku.de
- » Media Storm: http://mediastorm.com
- » Upian: http://www.upian.com/
- » Honkytonk: http://www.honkytonk.fr/
- » Submarine: submarin.nl, http://www.submarinechannel.com

X4 FORSCHUNG

- » Sandra Gaudenzi: http://www.interactivefactual.net
- » Florent Maurin: http://florentmaurin.com
- » Glorianna Davenport: http://medialabeurope.org/
- » Arnau Gifreu: http://www.agifreu.com
- » David Young: http://www.inventinginteractive.com/
- » Hot Docs Library: http://hotdocslibrary.ca/
- » Mandy Rose: https://collabdocs.wordpress.com

… Anhang

X5 FESTIVALS

- » IDFA DocLab, http://www.doclab.org
- » Sheffield Film Fest, http://sheffdocfest.com/view/interactive
- » Hotdocs Film Fest: www.hotdocs.ca
- » SXSW: http://sxsw.com/interactive
- » Sunny side of the doc: www.sunnysideofthedoc.com
- » RIDM – Montreal International Documentary Festival: http://www.ridm.qc.ca
- » Tribeca Storyscapes: http://tribecafilm.com/innovation/storyscapes
- » Tribeca Interactive: https://tribecafilminstitute.org/programs/detail/tfi_interactive

X6 WORKSHOPS

- » Power to the Pixel, http://www.powertothepixel.com/
- » European Social Documentary, http://www.esodoc.eu
- » Documentary Campus, http://www.documentary-campus.com
- » Crossover Labs, http://www.xolabs.co.uk/
- » Mediastorm Training, http://mediastorm.com
- » Eurodoc: http://www.eurodoc-net.com

X7 SOFTWARE

- **ASAP**
  http://advancedstories.net
- **Djehouti**:
  http://www.djehouti.com
- **Klynt**:
  http://www.klynt.net
- **Korsakow**:
  http://korsakow.org
- **Mapbox**:
  https://www.mapbox.com
- **Storyplanet**:
  http://www.storyplanet.com (existiert nur noch als Archiv)
- **Tiki-Toki**:
  http://www.tiki-toki.com
- **Vojo**:
  http://www.vojo.co
- **Zeega**:
  http://zeega.com
- **Creatavist**:
  https://creatavist.com

X8 CROWDFUNDING

Allgemeine Tipps zum Crowdfunding:
Crowdfunding Informationsportal: www.crowdfunding.de
Wolfgang Gumpelmaier: www.gumpelmaier.net

Einzelne Anbieter:
- **Kickstarter**: www.kickstarter.com
- **Indiegogo**: www.indiegogo.com
- **Startnext**: www.startnext.de
- **Visionbakery**: www.visionbakery.com
- **Cinedime**: www.cinedime.de
- **Seed & Spark**: www.seedandspark.com
- **We make it:** www.wemakeit.com

X Anhang

X9 ENDNOTEN

1 http://www.zeit.de/1993/34/die-ruhe-des-zeugen/komplettansicht
2 J. Monaco 2002: 518
3 Caspar Sonnen, zit. nach M. Lietaert (Ed.) 2011: 48
4 Hugues Sweeney, Interactive Media Production des National Film Board Canada (NFB), zit. nach Ch. Anderson 2013
5 zit. in J.K. Müller 2011: 25
6 Clemens Kuby, zit. In Th. Schadt 2002: 17
   Mit dieser Ästhetik hat übrigens Andy Warhol 1964 in seinem 8-Stunden-Film *Empire* experimentiert.
7 Th. Schadt 2002: 26
8 Th. Schadt 2002: ebd.
9 zit. nach B. Nichols 2010: 6
10 B. Nichols 2010: 122
11 zit. nach J.K. Müller 2011: 36
12 cf. Ch. Metz: „To duplicate the impression of movement is to duplicate its reality.", zit. nach: B. Nichols 2010: 121
13 http://astro.temple.edu/~ruby/wava/Flaherty/filmed.html
14 B. Nichols 2010: 131
15 Karl Freund, zit. in J. K. Müller 2011: 63
16 zit. nach J. K. Müller 2011: 87
17 S. Sontag 1983: 105
18 Megan Cunningham, Filmproduzentin, Gründerin von *Magnet Media*, M. Cunningham 2005: 78
19 Dziga Vertov, zit. in E. Hohenberger (Hg.) 1998: 81
20 Doch die Frage, inwieweit dieses Vorgehen der Wirklichkeit näher war als andere Strategien, war damit natürlich nicht vom Tisch: „All documentary filmmakers, in one way or another, by the very selection of what lens they use, what time of the day they shoot, what people are in the shot, what remains in the film,

and what remains out of the film, it's all a creative process, and it is not, as some purists used to maintain, just ‚recording reality.' There is no ‚reality.' Once images are recorded by whatever medium, they cease to be reality. It becomes the filmmaker's reality." (Haskell Wexler, zit. in M. Cunningham 2005: 89)

21 M. Cunningham 2005: 77
22 zit. nach M. Leitner et al. (Hg.) 2014: 106
23 cf. J. K. Müller 2011: 141ff
24 zit. in J. K. Müller 2011: 142
25 N. Rombes 2009: 41
26 J. Monaco 2002: 560
27 Fritz Wolf zit. nach: K. Hoffmann 2014: 30
28 Christian Bauer in: F. Wolf 2003: 106
29 Clayton Christensen nannte diese Unfähigkeit etablierter Branchenprofis, auf Veränderungen zu reagieren, das „Dilemma der Innovatoren". „Es besagt, dass Entscheidungsträger in Zeiten des Wandels alte Ideen weiterentwickeln, es aber nicht schaffen, sich eine Welt voller neuer Technologien vorzustellen." cf. http://www.zeit.de/2013/14/musikwirtschaft-internet
30 zit. nach http://derstandard.at/1363707815403/Bekenntnisse-eines-Serienjunkies-Der-Rueckfall-kam-mit-Mad-Men
31 zit. in M. Cunningham 2005: 85
32 Th. Schadt 2002: 37
33 in M. Leitner et al. 2014: 140
34 Ch. Hübner ebd.
35 Christoph Hübner in P. Zimmermann, K. Hoffmann (Hg.) 2006: 77
36 cf. F. Wolf 2003: 85
37 Fritz Wolf in: P. Zimmermann, K. Hoffmann (Hg.) 2006: 113
38 in: F. Wolf 2003: 102
39 in: P. Zimmermann, K. Hoffmann (Hg.) 2006: 107
40 Michael Buß, zit. nach G. Herbst, in P. Zimmermann, K. Hoffmann (Hg.) 2006: 145
41 M. Darkow, inP. Zimmermann, K. Hoffmann (Hg.) 2006: 142

42   F. Wolf 2003: 60
43   F. Wolf 2003: 61
44   F. Wolf 2003: 61
45   vgl. dazu Gunther Herbst in-P. Zimmermann, P. Hoffmann (Hg.) 2006: 139 – 147
46   T. Steiner, zit. nach G. Herbst 2006: 146
47   http://www.abendzeitung-muenchen.de/inhalt.joseph-von-westphalen-abgehoert.3cd76020-b6e7-4e33-8862-b50ecdc92ff0.html
48   C. Seidl 2014
49   cf. u.a.: http://de.statista.com/themen/88/fernsehen
50   C. Seidl 2014
51   http://www.spiegel.de/kultur/tv/3sat-doku-die-macht-der-zuschauer-zur-quotenmessung-im-tv-a-942429.html
52   zit. nach F. Wolf 2003: 63
53   zu Deutschland: http://www.spiegel.de/spiegel/print/d-124381357.html
     zu den USA: http://www.marketingcharts.com/television/are-young-people-watching-less-tv-24817/
54   A. Fichter 2013
55   http://www.konradlischka.info/2014/12/blog/medien-de/unfairer-vergleich-abrufe-youtube-vs-tv-mediatheken/
56   cf. http://www.faz.net/aktuell/feuilleton/medien/streamingplattformen-wie-der-online-dienst-netflix-den-markt-umkrempelt-13370364.html
57   cf. K. McMahon 2014
58   in P. Zimmermann, K. Hoffmann (Hg.) 2006: 155
59   zit. nach J. K. Müller 2011: 13
60   cf. Ch. Brandl 2013
61   cf. Fritz Wolff in P. Zimmermann, K. Hoffmann (Hg.) 2006: 110
62   http://www.thefilmcollaborative.org/blog/2013/08/international-broadcast-sales-for-documentary-and-westdoc-conference/
63   cf. auch „There's a huge oversupply of programs. Technology has worked wonders for the creation of content, leading to more of

it. The non-fiction broadcast marketplace has been impacted by Reality TV. Channels need ratings and they have only so many hours they can license and co-produce. The line has blurred between documentaries and reality, so channels gradually began to license more and more Reality. Most territories in Europe still license good documentaries, but license fees have been declining for a few years."(W. Höbel 2009)

64 K. McMahon 2014
65 Fritz Wolf zit. in J.K. Müller 2011: 15
66 Thomas Rigler zit. nach A. Unterholzner, R. Scheiber 2010
67 http://www.dokumentarfilm.info/index.php?view=article&id=313%3Akaum-erfolg-fuer-dokumentarfilme-im-kino&option=com_content&Itemid=50 und http://www.ffa.de/downloads/publikationen/Filmgenres_2010-2011.pdf
68 cf. Julia Basler von *German Films* in M. Leitner et al. (Hg.) 2014: 131
69 W. Höbel 2009
70 cf. K. Läsker 2012
71 http://www.sueddeutsche.de/kultur/dokumentarfilme-im-kino-hoffen-auf-zuschauer-1.1667921-2
72 zit. nach A. Fichter 2013
73 interviewproject.davidlynch.com
74 http://www.telegraph.co.uk/technology/social-media/11307719/YouTube-celebrity-PewDiePie-by-numbers.html
75 A. Fichter 2013
76 J. Denkmayr 2015
77 cf. D. Eick 2014: 77
78 D. Eick 2014: 165
79 zit. in D. Eick 2014: 167
80 Th. Zarges 2015
81 http://www.businessinsider.com/tv-business-collapse-2012-6?op=1&IR=T#ixzz1wo5wpbL2
82 M. De Rosa, M. Burgess 2014
83 cf. M. De Rosa, M. Burgess 2014: 7

84 cf. M. De Rosa, M. Burgess 2014
85 D. Eick 2014: 26
86 T. Koch in M. Lietaert (Ed.) 2011: 104
87 cf. Th. Morsch 2008
88 cf. im Abschnitt über Crowdfunding, dass potentielle Financiers eher in eine Person/Firma/Marke als in ein einzelnes Produkt/einen einzelnen Film investieren.
89 https://www.youtube.com/watch?v=C2dKc3kQVJQ
90 https://www.youtube.com/watch?v=A1D2YuNnpqk
91 https://www.youtube.com/watch?v=ELTmKJcJIMM
92 in H. Hege, A. Hamann (Hg.) 2014: 32
93 http://de.statista.com/statistik/daten/studie/284776/umfrage/umfrage-zu-den-taetigkeiten-von-jugendlichen-waehrend-der-fernsehnutzung-2013/
94 cf. http://www.sueddeutsche.de/medien/trend-zum-second-screen-wisch-dir-was-1.1942035
95 cf. H. Hege, A. Hamann (Hg.) 2014: 10
96 cf. H. Hege, A. Hamann (Hg.) 2014: 37
97 cf.H. Hege, A. Hamann (Hg.) 2014: 32
98 H. Hege, A. Hamann (Hg.) 2014: 38
99 cf.: Die Entwicklung bei Mobiltelefonen, bei der sich die Auswahl von Nokia, RIM (Blackberry), IOS (Apple) und Android letztlich auf IOS (Apple) und das Android System reduziert hat, an denen man nicht vorbei kommt, wenn man im Smartphone-Bereich präsent sein möchte. Und man muss im Smartphone Bereich präsent sein, wenn man Content anbietet. Man muss Apps anbieten, die auf allen Smartphones und Tablets verfügbar sind, da man sonst sein Publikum nicht erreicht – denn dieses informiert sich immer mehr über den Umweg der Apps und konsumiert auch Nachrichten immer mehr durch Apps.
100 zit. nach I. Mundell 2008: 10)
101 zit. nach A. Gifreu-Castells 2014: 158
102 D. Galloway et al. 2007

9 Endnoten

103 cf. S. Gaudenzi, zit in A. Gifreu 2011
104 A. Gifreu-Castells 2014
105 zit. in M. Lietaert (Ed.) 2011: 48
106 J. Monaco 2002: 545
107 cf. hierzu den wunderbaren Film *RIP: ein Remix Manifesto*: https://vimeo.com/8040182
108 zit. nach D. Eick 2014: 28
109 cf. N. Rombes 2009: 74
110 cf. N. Rombes 2009: 116
111 S. Gaudenzi 2013: 17f
112 Liz Rosenthal, Gründerin und CEO von Power to the Pixel, in N. Gallio 2013
113 cf. J. Monaco 2002: 523
114 Eine hübsch altmodisch anmutende ‚Webdoku' von der *National Science Foundation* zu dieser Geschichte findet sich hier: http://www.nsf.gov/news/special_reports/nsf-net/1960s.jsp
115 cf. J. Monaco 2002: 552ff
116 cf. G. Davenport, M. Murtaugh 1995, Gifreu-Castells 2014
117 cf. G. Davenport, M. Murtaugh 1995
118 Mehr zu diesem Projekt findet man auf der Website eines der Schöpfer, Michael Naimark: www.naimark.net/projects/aspen.html
119 Moss Landing ist nicht online verfügbar, nähere Informationen gibt es aber hier: docubase.mit.edu/project/moss-landing nähere Informationen zum Apple Multimedia Lab: http://web.nmc.org/pachy/goldenage
120 cf. D. Young 2010
121 http://www.thalhofer.com/
122 http://docubase.mit.edu/project/filmmaker-in-residence/
123 http://www.upian.com/fr
124 http://www.lacitedesmortes.net/
125 zit. nach N. Gallio 2013: 25
126 http://www.pbs.org/pov/blog/2013/05/ten-questions-for-loc-dao-and-hugues-sweeney-of-the-nfb/#.VPc5OrCG8_Q

X Anhang

127 momentsofinnovation.mit.edu
128 http://www.pbs.org/pov/blog/2014/09/ten-questions-for-alexandre-brachet-margaux-missika-and-gregory-trowbridge-of-upian/#.VOc1b7CG8_Q
129 cf. R. Martens 2014
130 zit. nach Ph. Barth 2011: webdoku.de/2011/07/18/interview-alexander-knetig-von-arte-webdocs
131 http://www.miz-babelsberg.de
132 http://www.medienboard.de/WebObjects/Medienboard.woa/wa/CMSshow/2607732
133 http://www.netzdoku.org/tag/webdoku/
134 Oliver Hohengarten, Autor und Drehbuchentwickler, zit. nach D. Eick 2014: 179
135 cf. auch http://www.transmedia-manifest.com/
136 zit. in A. Unterholzner, R. Scheiber 2010
137 www.girlrising.com
138 zit. nach D. Eick 2014: 180
139 Lauren Lazin zit. in M. Cunningham 2003: 134
140 http://www.gebrueder-beetz.de/produktionen/die-kulturakte
141 cf. D. Eick 2014: 95
142 zit. nach D. Eick 2014: 93
143 cf. H. Hege, A. Hamann (Hg.) 2014: 17
144 D. Eick 2014: 93
145 cf. K. Cox 2014
146 Viele Channels auf YouTube verdanken ihren Erfolg den Gamern.
147 cf. D. Eick 2014: 93
148 cf. S. Bayer 2011
149 cf. www.gamesforchange.org
150 http://www.halftheskymovement.org
151 http://www.gamesforchange.org/play/the-migrant-trail/
152 http://theundocumented.com/
153 zit. nach S. Bayer 2014
154 cf. E. Van Wyngaaerden 2014

9 Endnoten

155 http://www.darfurisdying.com/
156 http://archive.wired.com/special_multimedia/2009/cutthroat
CapitalismTheGame
157 http://insidedisaster.com/haiti/
158 http://typerider.arte.tv/#/
159 www.filmtank.de/p/conquestofthesevenseas_360-de
160 cf. E. Van Wyngaarden: 47 sowie www.dacduf.net
161 cf. www.webpixelkonsum.de/2013/11/06/social-media-einige-aktuelle-fakten-rund-um-facebook-twitter-youtube-und-pinterest. Bis dato können allerdings keine mobilen Online-Anwendungen gemessen werden.
162 zit. nach R. Martens 2014
163 cf. A. Gifreu-Castells 2014: 160
164 cf. M. Lietaert 2011
165 cf. http://meedia.de/2015/01/22/70-prozent-auflagenminus-in-nur-fuenf-jahren-wann-sterben-die-jugendzeitschriften/
166 cf. u.a. http://www.quotenmeter.de/n/58683/die-entwicklung-der-deutschen-senderfamilien und http://www.br-online.de/jugend/izi/deutsch/GrundddatenJugend_Medien_2012.pdf
167 www.kas.de/wf/doc/kas_33767-544-1-30pdf?13031311132
168 cf. http://de.statista.com/infografik/714/die-tageszeitung-in-der-krise/
169 cf. Caspar Sonnen in https://www.youtube.com/watch?v=9JAnzhFQVAA&index=41&list=UUJ-s31m96kk-RFqCtDUJCVA
170 http://inmotion.magnumphotos.com/
171 http://mediastorm.com/
172 http://pitchfork.com/features/cover-story/reader/daft-punk/
173 www.nytimes.com/projects/2012/snow-fall/
174 http://www.spiegel.de/politik/ausland/fluechtlinge-europas-toedliche-grenzen-multimedia-reportage-a-989815.html
175 http://www.rheinstagram.de/Arabellion/
176 cf. J. Tißler 2014
177 http://www.sueddeutsche.de/kolumne/neue-reihe-auf-szde-das-

X Anhang

ganze-bild-fuer-sie-1.1985241 und
http://www.sueddeutsche.de/kolumne/die-recherche-data-graph-entdecken-sie-die-sz-projekte-1.1617815

178 http://gfx.sueddeutsche.de/pages/tiananmen/

179 http://www.lemonde.fr/grands-formats/

180 http://www.theguardian.com/world/ng-interactive/2014/jul/23/a-global-guide-to-the-first-world-war-interactive-documentary

181 http://www.theguardian.com/world/ng-interactive/2013/may/26/firestorm-bushfire-dunalley-holmes-family

182 zit. nach J. Radü 2013

183 A. Almeida, H. Alvelos 2010

184 Oliver Hohengarten, Autor und Drehbuchentwickler, zit. nach D. Eick 2014: 21

185 bear71.nfb.ca

186 http://iloveyourwork.net

187 zit. nach S. Kremer 2009

188 http://nowheremag.com/

189 zit. nach J. Radü 2013

190 zit. in M. Lietaert (Ed.) 2011: 45

191 cf. http://www.theguardian.com/info/developer-blog/2013/jun/07/10-things-we-learned-making-firestorm

192 https://tribecafilminstitute.org/programs/detail/tribeca_hacks

193 Ergebnisse des ersten Berliner Hackathons sieht man hier: http://future.arte.tv/de/dok-hackathon-berlin-kreativkopfe-unter-sich

194 http://www.dok-leipzig.de/industry-training/crossmedia/dok-leipzig-net-lab

195 https://collabdocs.wordpress.com/2014/01/22/hollow-lessons-learned/

196 eine der Inspirationen war schließlich *Clouds over Cuba* (http://cloudsovercuba.com), eine Webdoku über die Kubakrise

197 http://www.klynt.net

198 http://www.honkytonk.fr/

199 http://www.lescatacombes.com/

9 Endnoten

200 https://popcorn.webmaker.org/
201 http://popathon.org
202 http://korsakow.org/
203 http://www.3wdoc.com/
204 http://www.storyplanet.com/
205 http://www.storyplanet.com/
206 http://www.blindspotapp.com
207 http://www.tiki-toki.com/
208 http://zeega.com/
209 www.vojo.co
210 civic.mit.edu
211 https://www.storehouse.co/
212 http://story.br.de/linius/
213 https://www.creatavist.com/
214 https://atavist.com/
215 http://pageflow.io/
216 S. Kirsner 2009: 2
217 Alfred Hitchcock, zit. nach Th. Schadt 2002: 82
218 J. Monaco 2002: 525
219 J. Knaf 2010: 46
220 cf. H. Kreuzer 2012: 29
221 L. Thiele 2012
222 cf. J. Knaf 2010
223 cf. Andrew Lane in http://www.hotdocslibrary.ca/en/detail.cfm?filmId=12557
224 http://derstandard.at/1348284192381/Slavoj-Zizek-Das-Internet-als-Kampfplatz
225 cf. G. Doyle 2010
226 zit. nach I. Mundell 2008:11
227 zit. nach M. Lietaert (Ed.) 2011: 153
228 http://inmotion.magnumphotos.com/
229 http://inmotion.magnumphotos.com/essay/healthy-difference
230 in M. Leitner et al. (Hg.) 2014: 114

X Anhang

231 cf. den *Crowdfunding Kompass* von Michel Harms: http://www.crowdfunding.de/wp-content/uploads/2014/12/Crowdfunding-Kompass-von-crowdfunding-de.pdf

232 https://www.betterplace.org

233 https://www.seedmatch.de/

234 cf. G. Schad 2014

235 http://blogs.stern.de/geschichtenvomscheitern/crowdfunding-das-geheimnis-erfolgreicher-kampagnen/

236 https://www.startnext.com/Blog/Blog-Detailseite/b/Loeschen-von-Projekten-auf-Startnext-und-unser-Gla-510

237 zit. in W. Sanders 2009: 11f

238 http://theillusionists.org

239 cf. K. Bredesen 2009: 26f

240 G. Sanderson 2009:16

241 cf. Andrew Lane in http://www.hotdocslibrary.ca/en/detail.cfm?filmId=12557

242 www.godeepr.com

243 in M. Lietaert (Ed.) 2011: 8

244 zit. nach D. Eick 2014: 183, cf. auch http://www.artofimmersion.com

245 zit. nach D. Eick 2014: 33

246 zit. nach S.A. Helminen 2013: 15

247 cf. D. Eick 2014: 168

248 zit. in M. Lietaert (Ed.) 2011: 40

249 cf. http://filmmakermagazine.com/93498-the-promise-and-realities-of-creating-immersive-media-projects-best-practices-a-storycode-report/#.VQsCP2SG8_R

250 http://medialab.hva.nl/submarine/

251 cf. http://filmmakermagazine.com/72963-elaine-mcmillion-and-jeff-soyk-on-hollow/
Bis dato sind allerdings User-Analysen schwierig zu interpretieren, da die meisten Webdokus noch mit *Google Analytics* ausgewertet werden und dies für statische Webseiten optimiert ist. Submarine arbeitet mit dem Medialab Amsterdam an *Figures*,

9 Endnoten

einer Software, die speziell zur Analyse interaktiver Websites entwickelt wurde: http://medialab.hva.nl/submarine/

252 cf. Katerina Cizek in http://povmagazine.com/articles/view/crowd-in-the-sky

253 Frédéric Jaeger 2014, in M. Leitner et al. (Hg.) 2014: 77

254 http://www.pbs.org/mediashift/2013/09/hollow-the-next-step-for-social-documentary/

255 cf. J. Monaco 2002: 536

256 F. Thalhofer 2012: 14

257 N. Rombes 2009: 140

258 F. Thalhofer 2014: 64

259 in M. Leitner et al. (Hg.) 2014: 43f

260 M. Eberl 2012

261 L. Manovich, zit. nach S. O'Flynn 2012

262 E. Van Wyngaarden 2014

263 http://www.landofopportunitymovie.com/

264 D. Adams 1999

265 wie eine solche Zusammenarbeit aussehen kann, lässt sich beim jährlichen DocMontevideo Hackathon erproben: http://www.docmontevideo.com/en/training/documentary-workshop – hier erstellen Filmemacher gemeinsam mit Programmierern innerhalb von 48 Stunden den Prototyp einer interaktiven Doku und pitchen diesen anschließend vor der Industrie.

266 I. Schreiber 2009

267 F. Maurin 2014

268 http://interviewproject.davidlynch.com/

269 http://www.soul-patron.com/

270 http://www.interactivestory.net/

271 J. Brush 2014

272 D. Adams 1999

273 cf. http://www.heise.de/tp/artikel/6/6112/1.html

274 http://filmmakermagazine.com/66272-zeega-on-new-ways-of-digital-storytelling/

275 Th. Schadt 2002: 14
276 Elaine McMillion, zit. nach R. Astle 2013
277 S. Gaudenzi 2013. Während Sandra Gaudenzi ihren Fokus auf die Beziehung der User zur Realität legt, geht Galloway (Galloway et. al 2007) von der Erfahrung des Users aus: passiv-adaptiv: unter- bzw. unbewusster Input (responsive monologue), aktiv-adaptiv: bewusster Userinput (responsive dialogue), immersiv: volle Teilnahme, User geht in der filmischen Welt auf (gemeinsamer Diskurs) und expansiv: Masseninteraktion für Community-basierte Projekte. User können den Inhalt des Films verändern und darüber mit anderen Usern diskutieren.
278 http://www.blasttheory.co.uk/projects/rider-spoke/
279 https://www.flickr.com/photos/yellowarrow/
280 http://www.zeit.de/2012/27/Internet-Coelho
281 cf. dazu: http://www.theguardian.com/technology/2006/jul/20/guardianweeklytechnologysection2
282 zit. nach D. Eick 2014: 116
283 http://www.spiegel.de/netzwelt/games/thirty-flights-of-loving-ist-eine-offenbarung-a-854572.html
284 cf. http://www.heise.de/tp/artikel/2/2756/1.html
285 http://rufposten.de/weblog/Journalismus/Multimedia-Reportagen/bosnia_uncertain_paths_to_peace.html
286 https://www.youtube.com/watch?v=9JAnzhFQVAA&index=41&list=UUJ-s31m96kk-RFqCtDUJCVA
287 cf. http://time.com/12933/what-you-think-you-know-about-the-web-is-wrong/
288 F. Jaeger 2014: 76
289 http://www.mediapost.com/publications/article/197882/engage-conference-the-story-is-participatory.html
290 K. Nash 2014
291 K. Nash 2014
292 zit. nach K. Nash 2014
293 http://www.sbs.com.au/asylumexitaustralia/

9 Endnoten

294 cf. K. Nash 2014
295 https://www.youtube.com/watch?v=9JAnzhFQVAA&index=41&list=UUJ-s31m96kk-RFqCtDUJCVA
296 N. Rombes 2009: 140
297 J. Monaco 2002: 547
298 Bei der *Comi-Con* 2014 in San Diego konnte man sich mit der Oculus Rift in verschiedene Filme versetzen lassen. cf. http://www.washingtonpost.com/blogs/innovations/wp/2014/08/12/move-over-3d-movies-here-comes-virtual-reality/ und: http://www.bloculus.de/filme-in-vr-virtuelles-kino-360-spheren-oder-echtzeit-3d-experience-interview/
299 http://momentsofinnovation.mit.edu/immersion/content/
300 F. Maurin 2012
301 cf. D. Eick 2014: 102
302 Tissler 2014 und die dortigen Kommentare zeigen, wie wichtig die Berechenbarkeit der Aufgabe für die User ist.
303 http://www.concept-store.fr/motion/webdocumentaire-2011-vies-de-jeunes-le-monde/
304 J. Radü 2013
305 zit. nach J. Monaco 2002: 160
306 Er sieht Filmemacher in 13 Rollen vom Propheten zur Guerillla sich entwickeln. cf E. Barnouw 1993
307 B. Nichols 2010: 142ff
308 http://www.camerawar.tv
309 Lev Kowalski, zit. nach U. Jacobsen 2009: 15
310 www.pitchinteractive.com
311 http://www.thebureauinvestigates.com/category/projects/drones/
312 cf. J. Dovey, M. Rose 2012
313 J. Dovey, M. Rose 2012
314 S. A. Helminen, zit. in http://docubase.mit.edu/project/48-hour-games/
315 Arik Bernstein, zit. nach B. Dichek 2009: 4f
316 K. McMahon 2014

X Anhang

317 Peter Krieg, zit. nach J.K. Müller 2011: 105
318 Katerina Cizek, in: P. Zimmermann, K. Hoffmann (Hg.) 2006: 214
319 http://www.homelesshub.ca/
320 mehr Hintergrundinformationen: http://owni.eu/2011/06/20/happy-world-the-absurd-dictatorship-in-burma/
321 zit. nach O. Noor 2011
322 M. Reilhac 2013: 42
323 F. Maurin 2012
324 http://www.grimme-institut.de/html/index.php?id=1636#c10864
325 http://www.grimme-institut.de/html/index.php?id=1636#c10864
326 http://www.grimme-institut.de/html/index.php?id=1810#c12879
327 zit in N. Gallio 2013 : 21
328 N. Rombes 2009: 140
329 cf. E. Van Wyngaarden 2014
330 Florent Maurin, Spieleentwickler und Gründer von The Pixel Hunt, http://generation-quoi.france2.fr/
331 „multiple voices as diffusion of authority" (Scott-Stevenson 2011)
332 http://www.onedayonearth.org/
333 https://www.youtube.com/user/lifeinaday
334 archive.onedayoneartg.org/index.php/videos
335 http://perrybard.net
336 St. Moestrup 2011: 53
337 T. Bazzichelli 2008: 28
338 St. Moestrup 2011: 53
339 Yasmin Elayat:https://arabnet.me/eighteen-days-in-egypt/
340 D. Adams 2002: 60
341 C. Sonnen 2013: 44
342 http://www.pbs.org/pov/blog/2014/09/ten-questions-for-alexandre-brachet-margaux-missika-and-gregory-trowbridge-of-upian/#.VOc1b7CG8_Q
343 http://sins.nfb.ca/
344 http://inlimbo.tv/de

X10 BILDNACHWEISE

- » Abb. 1: http://www.theactofkilling.de/
- » Abb. 2: http://bombaybeachfilm.com/
- » Abb. 3: http://interviewproject.davidlynch.com
- » Abb. 4: www.nsf.gov/news/special_reports/nsf-net/index.jsp
- » Abb. 5: http://typerider.arte.tv
- » Abb. 6: http://insomnia.nfb.ca
- » Abb. 7: Hollow (Elaine McMillion, US 2013)
- » Abb. 8: http://www.happy-world.com
- » Abb. 9: www.inmotion.magnumphotos.com/essay/healthy-difference
- » Abb. 10: http://www.thejohnnycashproject.com
- » Abb. 11: http://www.planetgalata.com
- » Abb. 12-18: CC 3.0 Ian Schreiber, Game Design Concepts
- » Abb. 19: http://bear71.nfb.ca
- » Abb. 20: http://prisonvalley.arte.tv
- » Abb. 21: http://drones.pitchinteractive.com
- » Abb. 22: http://thewhalehunt.org
- » Abb. 23: http://gaza-sderot.arte.tv
- » Abb. 24: http://www.outmywindow.nfb.ca
- » Abb. 25: http://athome.nfb.ca
- » Abb. 26: http://www.collapsus.com
- » Abb. 27: http://netwars-project.com
- » Abb. 28: http://alma.arte.tv
- » Abb. 29: http://refugeerepublic.submarinechannel.com
- » Abb. 30: http://generation-quoi.france2.fr
- » Abb. 31: http://www.onedayonearth.org
- » Abb. 32: http://www.18daysinegypt.com

DIESE BÜCHER KÖNNTEN IHNEN AUCH GEFALLEN ...

Digitales Erzählen

Die Dramaturgie der Neuen Medien –
„Eick schafft immer den Bezug zur praktischen Anwendung, sei es durch Beispiele aus dem Web oder durch Interviews mit den Produzenten." (Zoom)

Autor: Dennis Eick
ISBN 978-3-86764-400-6

Storytelling in virtuellen Welten

Drehbuchschreiben für digitale Formate –
„Wer im digitalen Raum eine fesselnde Geschichte erzählen will, kommt an David Lochners Fachbuch nicht vorbei." (Lion Pfeufer auf amazon.de)

Autor: David Lochner
ISBN 978-3-86764-347-4

NOTIZEN

Notizen

NOTIZEN

Notizen

Praxis Film Band 89

Bibliografische Information der Deutschen Nationalbibliothek
Die Deutsche Nationalbibliothek verzeichnet diese Publikation
in der Deutschen Nationalbibliografie; detaillierte bibliografische
Daten sind im Internet über http://dnb.d-nb.de abrufbar.

ISSN 1617-951X
ISBN 978-3-86764-571-3 (Print)
ISBN 978-3-86496-571-5 (EPUB)
ISBN 978-3-86496-572-2 (EPDF)

Das Werk einschließlich aller seiner Teile ist urheberrechtlich
geschützt. Jede Verwertung außerhalb der engen Grenzen
des Urheberrechtsgesetzes ist ohne Zustimmung des Verlages
unzulässig und strafbar. Das gilt insbesondere für Vervielfältigungen,
Übersetzungen, Mikroverfilmungen und die Einspeicherung und
Verarbeitung in elektronischen Systemen.

© UVK Verlagsgesellschaft mbH, Konstanz und München 2015
Lektorat: Eva Hembach, Wien
Reihenkonzept und Satz: Bureau Heintz, Stuttgart
Druck: CPI – Ebner & Spiegel, Ulm

UVK Verlagsgesellschaft mbH
Schützenstr. 24 · D-78462 Konstanz
Tel.: 07531-9053-0 · Fax: 07531-9053-98
www.uvk.de